L. Wößmann

Dynamische Raumwirtschaftstheorie und EU-Regionalpolitik:
Zur Ordnungsbedingtheit räumlichen Wirtschaftens

Studien zur Ordnungsökonomik

Herausgegeben von

Prof. Dr. Alfred Schüller

Forschungsstelle zum Vergleich
wirtschaftlicher Lenkungssysteme
der Philipps-Universität Marburg

Nr. 24: Dynamische Raumwirtschaftstheorie und
EU-Regionalpolitik:
Zur Ordnungsbedingtheit räumlichen Wirtschaftens

 Lucius & Lucius · Stuttgart · 1999

Dynamische Raumwirtschaftstheorie und EU-Regionalpolitik

Zur Ordnungsbedingtheit räumlichen Wirtschaftens

Von

Ludger Wößmann

 Lucius & Lucius · Stuttgart · 1999

Anschrift des Autors:

Dipl.-Volkswirt Ludger Wößmann
Institut für Weltwirtschaft
An der Universität Kiel
D-24100 Kiel

Die Deutsche Bibliothek - CIP-Einheitsaufnahme

Wößmann, Ludger:
Dynamische Raumwirtschaftstheorie und EU-Regionalpolitik: Zur
Ordnungsbedingtheit räumlichen Wirtschaftens - Stuttgart :
Lucius und Lucius, 1999

    (Studien zur Ordnungsökonomik; 24)

    ISBN 3-8282-0124-5

© Lucius & Lucius Verlags-GmbH • Stuttgart • 1999
Gerokstraße 51 • D-70184 Stuttgart

Das Werk einschließlich aller seiner Teile ist urheberrechtlich geschützt. Jede Verwertung außerhalb der engen Grenzen des Urheberrechtsgesetzes ist ohne Zustimmung des Verlages unzulässig und strafbar. Das gilt insbesondere für Vervielfältigungen, Übersetzungen, Mikroverfilmung und die Einspeicherung und Verarbeitung in elektronischen Systemen.

Druck und Einband: ROSCH-BUCH Druckerei GmbH, 96110 Scheßlitz
Printed in Germany

ISBN 3-8282-0124-5

Vorwort

Dieser Arbeitsbericht geht auf eine Diplomarbeit zurück, die an meinem Lehrstuhl geschrieben und für die vorliegende Publikation überarbeitet worden ist. Der Verfasser untersucht die Gründe für die Verteilung der Wirtschaftstätigkeit im Raum und die ordnungspolitischen Konsequenzen, die daraus für die europäische Integration gezogen werden können. Ausgehend von den (traditionellen) Ansätzen der Raumwirtschaftstheorie, wie sie vor allem in Deutschland entwickelt worden sind, den Polarisationsmodellen von Myrdal und Hirschman sowie den Vorstellungen der „New Economic Geography", wird schließlich auf das Erklärungspotential der neuen Wachstumstheorie zurückgegriffen.

Die Besonderheiten dieses Ansatzes, auch im Vergleich zur alten Wachstumstheorie, werden eingehend erläutert, zum Teil durch ausführliche Ableitungen und Dokumentationen im Anhang der Arbeit ergänzt. Das Ziel besteht darin, den Erkenntnisfortschritt gegenüber den bisherigen Raumwirtschaftslehren systematisch herauszuarbeiten.

Mit Recht wird bemängelt, daß sowohl die älteren als auch die neueren Ansätze (einschließlich der modernen Wachstumstheorie) die Ordnungsbedingtheit des räumlichen Wirtschaftens vernachlässigen. Darin liegt, wie der Verfasser eingehend darlegt, ein erhebliches Defizit. Einen Ansatzpunkt für die Einbeziehung der institutionellen Seite des räumlichen Wirtschaftens sieht der Verfasser in einer entsprechenden Erweiterung der dynamischen Markttheorie.

Anhand der ordnungspolitischen Konsequenzen, die aus dem Erklärungszusammenhang einer „räumlich-dynamischen Markttheorie" für die europäische Integration gezogen werden können, werden die möglichen Ziele und Instrumente einer marktwirtschaftlichen Raumwirtschaftspolitik aufgezeigt. Vor diesem Hintergrund wird dann die Realität der EU-Regionalpolitik auf einem für eine Diplomarbeit ungewöhnlichen Argumentationsniveau ausführlich und kritisch gewürdigt.

Die Arbeit weist sowohl in den theoretischen Grundlagen als auch in den wirtschaftspolitischen Folgerungen überzeugend nach, daß die europäische Raumwirtschaftspolitik einer grundlegenden Neuorientierung bedarf.

Marburg, im Oktober 1999
Prof. Dr. Alfred Schüller
Geschäftsführender Direktor
Forschungsstelle zum Vergleich
wirtschaftlicher Lenkungssysteme
und Vorsitzender der MGOW

Diese Studie ist
meinem Freund und Mentor

Ralf Weber
* 1964   † 1999

in tiefer Trauer
gewidmet.

„[Ich will] weiterschreiten in der Erzählung
und dabei der Menschen Stätten besuchen, kleine und große, beide.
Denn die vor Zeiten groß waren, von denen sind die meisten klein geworden;
und die groß sind zu meiner Zeit, waren früher klein."

Herodot, Geschichten und Geschichte, Buch I, Paragraph 5.

Inhaltsverzeichnis

Vorwort V
Abbildungsverzeichnis XI
Tabellenverzeichnis XI

1. Problemstellung 1

2. Raumstrukturbestimmende Faktoren und stilisierte Fakten 3
   2.1. Raumstrukturbestimmende Faktoren 3
   2.2. Stilisierte Fakten der räumlichen Agglomerationsentwicklung 7

3. Theoretische Erklärung von Agglomerationen 11
   3.1. Die Sicht der Raumwirtschaftstheorie 11
      3.1.1. Traditionelle Theorien der räumlichen Struktur der Wirtschaftslandschaft .. 11
         3.1.1.1. *Thünen*sche Ringe 12
         3.1.1.2. *Christaller*s System der zentralen Orte 13
         3.1.1.3. *Lösch*s System der Marktnetze 15
         3.1.1.4. *Von Böventer*s Integration der Standortstrukturtheorien 17
      3.1.2. Regionale Polarisationsmodelle 18
      3.1.3. „New Economic Geography" Modelle 20
   3.2. Die Sicht der Neuen Wachstumstheorie 23
      3.2.1. Die „alte" Wachstumstheorie und regionalökonomische Erweiterungen 24
      3.2.2. Die Neue Wachstumstheorie 25
         3.2.2.1. Das AK-Modell: Die Grundüberlegung der Neuen Wachstumstheorie .. 25
         3.2.2.2. Externalitätenmodelle: Fortschritt als nicht-intendiertes Kuppelprodukt 26
         3.2.2.3. Innovationsmodelle: Fortschritt als Produkt intendierten Verhaltens 28
         3.2.2.4. Räumliche Wachstumsdivergenzen in offenen Regionen 29
   3.3. Die Sicht der Ordnungstheorie 33
      3.3.1. Innere Institutionen zur Internalisierung externer Effekte 34
      3.3.2. Äußere Institutionen als raumstrukturbestimmende Faktoren 34
      3.3.3. Systemwettbewerb zwischen den äußeren Institutionen 36

3.4. Die dynamische Markttheorie als zusammenführende Perspektive 38

   3.4.1. Die räumliche Verteilung der Wirtschaftstätigkeit aus der Sicht eines Marktes 38

      3.4.1.1. Die dynamische Markttheorie 38

      3.4.1.2. Räumliche Wirtschaftsallokation in den einzelnen Marktphasen 40

      3.4.1.3. Profittheoretische Überlegungen in den einzelnen Marktphasen 43

      3.4.1.4. Rohstoff- und agglomerationsorientierte Güter 44

   3.4.2. Die räumliche Verteilung der Wirtschaftstätigkeit aus der Sicht einer Agglomeration: Aufstieg und Niedergang von Agglomerationen 45

3.5. Wirtschaftliche Integration und Agglomerationstendenzen 50

4. Ordnungspolitische Konsequenzen für die europäische Integration 52

   4.1. Raumwirtschaftliche Ziele 52

   4.2. Zur Notwendigkeit einer Raumwirtschaftspolitik 53

   4.3. Zur Konzeption der Raumwirtschaftspolitik: Idealbildgeleitete Struktureingriffe vs. wettbewerbsfördernde Ordnungspolitik 57

   4.4. Die Umsetzung der Raumwirtschaftspolitik in der Europäischen Union 60

      4.4.1. Die Realität der EU-Regionalpolitik: Staatliche Intervention in die Raumstruktur 60

          4.4.1.1. Skizzierung der EU-Regionalpolitik 60

          4.4.1.2. Kritik der EU-Regionalpolitik 67

      4.4.2. Konturen einer wettbewerbskonformen Raumordnungspolitik 70

          4.4.2.1. Ordnungspolitische Rahmensetzung 70

          4.4.2.2. Institutioneller Wettbewerb der Regionen 73

          4.4.2.3. Regionalpolitik ohne geldliche Transfers 73

          4.4.2.4. Weitergehende Maßnahmen mit geldlichen Transfers 75

5. Schlußbemerkungen 76

Anhang: Herleitungen formaler Modelle 79

   Anhang 1: *Krugmans* „New Economic Geography"-Grundmodell 79

   Anhang 2: Grundstrukturen der „alten" und Neuen Wachstumsmodelle 85

Literaturverzeichnis 91

Abbildungsverzeichnis

Abb. 1: Niveau und Entwicklung der Pro-Kopf-Einkommen von EG-Regionen 9
Abb. 2: Geographische Konzentration in ausgewählten westdeutschen Branchen 10
Abb. 3: *Thünen*sche Ringe 13
Abb. 4: Eindimensionale Darstellung: Zentrale-Orte-Hierarchie nach *Christaller* 14
Abb. 5: Theoretisches Bild der *Christaller*-Landschaft 14
Abb. 6: Eindimensionale Darstellung: Spezialisierung nach *Lösch* 15
Abb. 7: Theoretisches Bild der *Lösch*-Landschaft 15
Abb. 8: Theoretisches Bild der modifizierten *Lösch*-Landschaft unter Beachtung der resultierenden Bevölkerungsverteilung 17
Abb. 9: Die Entwicklungsphasen eines Marktes nach *Heuß* 39
Abb. 10: Lebenszyklus eines Produktes oder einer Industrie nach *Krüsselberg* 43
Abb. 11: Räumliche Auswirkungen der langen Wellen wirtschaftlicher Entwicklung . 48
Abb. 12: Fördergebiete im Rahmen der regionalen Ziele der Strukturfonds 61
Abb. 13: Raumstrukturmodell Europas: Grundlegende Strukturen und Dynamiken 66
Abb. 14: Agglomerationen, Entwicklungszentren und Hauptverbindungen von europäischer Bedeutung 68
Abb. A.1: Beispiel einer sich selbst organisierenden Wirtschaft 83
Abb. A.2: Das *Solow*-Modell 86

Tabellenverzeichnis

Tab. 1: Raumstrukturbestimmende Faktoren 6
Tab. 2: Übersicht der Theorien mit ihrem Erklärungsgehalt der stilisierten Fakten ... 49
Tab. 3: Anteil der Bevölkerung, der für eine Förderung im Rahmen der regionalen Ziele in Betracht kommt 63
Tab. 4: Verteilung der Strukturhilfen nach Zielen und Ländern 1994-1999 63

1. Problemstellung

Die wirtschaftswissenschaftliche Behandlung der Europäischen Integration findet weitgehend im Rahmen der traditionellen Integrationstheorie statt. Da aber die traditionelle Außenhandelstheorie eine „Punktmarkt- und Zeitpunktbetrachtung" (*Oberender* 1988, 8) darstellt, wurde zumeist vernachlässigt, wie sich die Integration auf die **räumliche** Verteilung der Wirtschaftstätigkeit auswirkt.[1] Der Mainstream der Wirtschaftswissenschaften bewegt sich, wie *Walter Isard* (1956, 25 f.) es ausdrückte, in einem „wonderland of no spatial dimensions".

Diese von den räumlichen Wirkungen abstrahierende Betrachtung ist zwar ein sehr hilfreiches Mittel, um erste Vorstellungen über die Auswirkungen einer wirtschaftlichen Integration zu erlangen. Für ein umfassendes Bild müssen aber „auch die im Zeitablauf sich vollziehenden Marktprozesse in ihrer räumlichen Dimension betrachtet werden" (*Oberender* 1988, V). Darum werden in der vorliegenden Studie die Gründe für räumliche Agglomerations- und Deglomerationstendenzen untersucht. Durch eine Verbindung dieser traditionell raumwirtschaftstheoretischen Fragestellung mit der Neuen Wachstumstheorie (NWT) soll es zu einer dynamischen Betrachtung der Verteilung der Wirtschaftstätigkeit im Raum kommen. Die zwei Hauptfragen, die damit letztlich beantwortet werden sollen, lauten: Ändert die Einführung der räumlichen Dimension die Ergebnisse der traditionellen Integrationstheorie? Welche raumordnungspolitischen Konsequenzen ergeben sich dadurch für den Europäischen Integrationsprozeß?

Durch den Integrationsprozeß werden die Barrieren des Wirtschaftsverkehrs, die durch die Grenzen zwischen den einzelnen EU-Staaten bestehen, immer geringer. Damit werden die politisch-geographischen (insb. nationalen) Unterschiede, die zu den wirtschaftsgeographischen (insb. regionalen) hinzukommen, immer unbedeutender. Je mehr es in Europa zur „wirklichen Wirtschaftsintegration" in Form einer „Markt-, Preis- und Zahlungsgemeinschaft" (*Wilhelm Röpke* 1954, 308 f.) kommt, um so mehr nimmt die Bedeutung der räumlichen Gliederungsebene „Staat" ab. Damit verwischt aber auch der Unterschied zwischen Raumwirtschafts- und Außenhandelstheorie![2] „If Europe succeeds in establishing a truly unified market, what is now international economics within Europe will become indistinguishable from regional economics within the United States" (*Krugman* und *Obstfeld* 1994, 174).

Die Untersuchung beginnt mit einer Darstellung der einzelnen **Faktoren** oder Kräfte, die die räumliche Struktur der Wirtschaftstätigkeit bestimmen (2.1.). Die unter 2.2. beschriebenen **stilisierten Fakten**, die die räumliche Realität der Agglomerationsentwick-

---

[1] So bemerkte *Samuelson* (1953, 12) schon Anfang der 50er Jahre, daß „[o]ne of the criticisms that might be made of traditional international trade theory is that it almost completely neglects the role of space as such, and that a separate theory of location has had to grow up parallel with it."

[2] Zur Beziehung zwischen Raumwirtschafts- und Außenhandelstheorie vgl. *Krugman* und *Obstfeld* (1994, 173-182); *Krugman* (1991c, 1-4, 69-100); *Isard* (1956, 207-220); sowie *Ohlin* (1933) und *Predöhl* (1971).

lung darstellen, lassen deutlich werden, daß das generelle Bild einer Wirtschaftslandschaft von hierarchischen Marktnetzen durch Entstehung und Zurückbildung von Agglomerationen im Verlaufe eines Agglomerations-Lebenszyklus ständig in Bewegung ist.

Eine **Theorie** der räumlichen Verteilung der ökonomischen Aktivitäten (3.) muß diese stilisierten Fakten erklären können. Neben den explizit raumwirtschaftlichen Theorien (3.1.) werden raumwirtschaftliche Implikationen der Neuen Wachstumstheorie (3.2.) und der Ordnungstheorie (3.3.) dargestellt. Da sich zeigt, daß keine dieser Theorien die stilisierten Fakten hinreichend erklären kann, wird im Abschnitt 3.4. eine auf der dynamischen Markttheorie basierende Raumwirtschaftstheorie entwickelt, die die anderen Erklärungsbeiträge integriert und eine Erklärung der Realität leisten soll.[3] Es wird dargestellt, wie es in der Experimentierphase eines jeden Marktes insbesondere durch Wissensspillovers bei Innovationen zu Agglomerationstendenzen kommt, die im Verlaufe des Marktzyklus einer Diffusion der Wirtschaftstätigkeit Platz machen, da in zunehmend stationären Märkten die geringeren Faktorkosten peripherer Regionen gesucht werden. Während bestehende Agglomerationen einen fruchtbaren Raum für Verbesserungsinnovationen darstellen, stehen mit zunehmendem Alter verkrustete Institutionen einer Ansiedlung neuer Basisinnovationen im Wege, so daß diese sich außerhalb der etablierten Agglomerationen entwickeln. Ein **Aufstieg und Niedergang von Agglomerationen** im Rahmen einer netzähnlich strukturierten Wirtschaftslandschaft entsteht. Unter 3.5. kann darauf zurückgreifend die Agglomerationsentwicklung im Zusammenhang wirtschaftlicher Integration betrachtet werden.

Es ist wiederholt darauf hingewiesen worden, daß bislang eine „geschlossene, umfassende Theorie der Regionalentwicklung nicht existiert" (*Krätzschmar* 1995, 20), so daß die betriebene Regionalpolitik nicht hinreichend theoretisch fundiert ist (s. *Schüller* 1993, 132). Mit Hilfe der hier entwickelten dynamischen Raumwirtschaftstheorie können nun im 4. Kapitel Konsequenzen für die **Politik** abgeleitet werden. Dazu muß zunächst Klarheit über die normativen Ziele bezüglich der regionalen Struktur bestehen (4.1.). Neben der Notwendigkeit einer Raumwirtschaftspolitik (4.2.) wird dann deren anzustrebende ordnungspolitische Konzeption untersucht (4.3.). Dabei wird deutlich, daß eine marktkonforme Raumordnungspolitik, die einen geeigneten Rahmen für die Entfaltung der Entdeckungskräfte des Wettbewerbs setzt, die Ziele wachstumseffizienten Wirtschaftens und weitgehend gleichverteilter Lebensbedingungen weit besser zu erreichen vermag als eine interventionistische Raumstrukturpolitik. Nach einer Darstellung und Beurteilung der derzeit in **Europa** vollzogenen Regionalpolitik (4.4.1.), die hauptsächlich in diskretionären Struktureingriffen besteht, wird abschließend, auf den theoretischen Erkenntnissen aufbauend, eine ordnungspolitisch fundierte Alternative für die europäische Raumwirtschaftspolitik vorgeschlagen (4.4.2.).

---

[3] Die Begriffe 'Raumwirtschaftstheorie', 'regionalökonomische Theorie' und 'Wirtschaftsgeographie' werden hier als Synonyme verwandt, ebenso wie die Begriffe 'Raumwirtschaftspolitik' und 'Regionalpolitik'.

2. Raumstrukturbestimmende Faktoren und stilisierte Fakten

2.1. Raumstrukturbestimmende Faktoren

Regionen können in Abhängigkeit von ihrer Wirtschafts- und Bevölkerungsdichte in **Agglomerationen** (hohe Verdichtung der Wirtschaftstätigkeit) und **periphere Gebiete** (geringe Verdichtung) differenziert werden (vgl. *Bode* 1996, 3). Agglomerationen seien schlicht als „Räume starker Konzentration von Menschen und Tätigkeiten, Nutzungsvielfalt und Kontaktdichte" (*Gaebe* 1987, 17) definiert.[4] Die Verteilung wirtschaftlicher Tätigkeiten im Raum hat sowohl natürliche als auch rein ökonomische Ursachen. Die **naturgegebenen** Faktoren umfassen außerökonomische Bestimmungsgründe wie die ungleichmäßige Verteilung von natürlichen Verkehrswegen und Ressourcen, Unregelmäßigkeiten der Erdoberfläche, unterschiedliche Bodenbeschaffenheiten und klimatische Einflüsse (*von Böventer* 1979, 9; 1962b, 13f). Ihre Existenz läßt sich mit der ökonomischen Theorie nicht erklären. Allerdings lassen sich die Auswirkungen solcher Faktoren auf das Verhalten der Wirtschaftssubjekte und infolgedessen auf die räumliche Verteilung ökonomisch untersuchen.

Schon *August Lösch* (1943, 53) wies darauf hin, daß es zu Agglomerationen kommen würde, „[a]uch wenn die Erde eine glatte, gleichförmige Kugel wäre". Für diese in der Wirtschaftstätigkeit gründenden **ökonomischen** Faktoren hat *von Böventer* (1962b, 14) den Begriff „*raumdifferenzierende* Faktoren" geprägt.[5] Er unterscheidet (1) Raumüberwindungskosten, (2) Nachfrage nach Land[6] und (3) interne und externe Ersparnisse (*von Böventer* 1995, 789).[7] Zusätzlich werden hier (4) ordnungsbestimmende Institutionen als weiterer raumstrukturbestimmender Faktor angesehen.

(1) **Raumüberwindungskosten** sind geradezu das „[konstitutive] Merkmal der Analyse räumlicher Wirtschaftsbeziehungen und ökonomischer Raumstrukturen" (*von Böventer* 1995, 788). Als raumbedingte Transaktionskosten umfassen sie Transportkosten i.w.S., also auch Migrationskosten. Der Transport eines Gutes zur Überwindung räumlicher Entfernungen stellt eine Transformation bzw. Differenzierung dieses Gutes dar.

---

[4] *Gaebe* weist an gleicher Stelle darauf hin, daß als Bezeichnung für diese Räume „[i]n der deutschsprachigen Literatur [...] Begriffe wie 'Verdichtungsraum', 'Stadtregion', 'Ballungsgebiet', 'städtische Agglomeration', 'Agglomerationsraum' (in der englischsprachigen Literatur 'metropolitan area', 'conurbation') [...] häufig synonym gebraucht" werden. Dementsprechend werden auch hier die Begriffe 'Verdichtung(sraum)', 'Agglomeration' und 'Ballung(sraum)' als Synonyme verwendet; vgl. dazu *Müller* (1977, 454); *Tönnies* (1995, 1006); *Eckey* (1978, 189, 192); *Weber* (1909, 131).

[5] *Von Böventer* (1979, 10) selbst schlägt später die Begriffe „*raumstrukturierende* und *raumstrukturbestimmende* Faktoren" als „präziser" vor, ohne sie allerdings selber anzuwenden. In der vorliegenden Arbeit wird der Begriff „raumstrukturbestimmende Faktoren" als der präziseste verwendet.

[6] Bzw. „Abhängigkeit der Wirtschaft vom heimischen Produktionsfaktor Boden" (*von Böventer* 1962a, 80).

[7] Eine artverwandte Einteilung benutzt schon *Alfred Weber* (1909, 33-35) für seine „Standortsfaktoren": Transportkosten, Arbeitskosten und Agglomerationstendenzen.

Deshalb sind aufgrund der Raumüberwindungskosten „technisch identische Güter an verschiedenen Orten ökonomisch unterschiedliche Güter" (*von Böventer* 1979, 3). Erst durch die Raumüberwindung erlangt ein Gut wahre Konsumreife, und dazu bedarf es eines (Transport-)Aufwands. Die Transformation eines Gutes zur Konsumreife untergliedert sich in die qualitative (Grad der Verarbeitung), die zeitliche (Zeitpunkt der Verfügbarkeit) und die räumliche (Lage des Ortes) Transformation.

Betrachtet man ausschließlich die Transportkosten als raumstrukturbestimmende Faktoren („Transportorientierung", s. *Weber* 1909, 40-93; *Lösch* 1943, 11-15), so wird jedes Wirtschaftssubjekt seinen Standort so wählen, daß die Kosten der Gesamtfracht als Kombination aus der Beschaffung der Inputs und dem Versand der Outputs minimiert werden (Transportkostenminimalpunkt). Sind z.B. alle Inputs „Ubiquitäten", die an allen Orten verfügbar sind, so wird der Produktionsort zum Konsumort tendieren, da dort die Transportkosten ihr Minimum erreichen. Werden hingegen Inputs verwandt, die nur an wenigen Orten vorkommen und bei der Produktion einen sehr hohen Gewichtsverlust erleiden, so wird sich die Produktion am Fundort dieses Inputs ansiedeln. Dies ist etwa bei den alten Industriegebieten (Ruhrgebiet, Saarland) zu beobachten, die sich am Fundort von Kohle, also einem Rohstoff mit hohem Gewichtsverlust bei der Produktion, geballt haben (*Müller* 1977, 456).

(2) Die **Nachfrage nach Land** oder allgemeiner „Verfügbarkeit und Preise von Produktionsfaktoren" (*Zimmermann* 1991, 24) bestimmen ebenfalls die räumliche Allokation der Produktion. Je größer die Bedeutung des Produktionsfaktors Boden in der Produktionsfunktion eines Betriebes oder in der Nutzenfunktion eines Haushaltes ist, desto weniger besteht die Möglichkeit zu räumlicher Verdichtung, da der Faktor Boden vollkommen immobil ist. Folglich wirkt dieser als Fläche deglomerierend.[8] Aber auch die Arbeitskosten und die Verfügbarkeit einer bestimmten Qualität von Arbeit können sich auf die Raumstruktur auswirken (vgl. *Weber* 1909, 94-120). Schon *Alfred Marshall* (1920, 271) hat darauf aufmerksam gemacht, daß die räumliche Bündelung eines Arbeitsmarktes für spezialisierte Fähigkeiten sowohl Arbeitgebern als auch Arbeitnehmern Vorteile bringt. Andererseits bietet die kostengünstige Bereitstellung gerade von low-skill-Arbeitskräften einen großen Anreiz für die räumliche Allokation der Wirtschaftstätigkeit in peripheren Gebieten (vgl. die Verlagerung von (low-skill-) arbeitsintensiver Produktion in Niedriglohnländer). Desweiteren können der Zugang zu einem effizienten Kapitalmarkt und, in immer stärkerem Maße, technisches und organisatorisches Wissen (*Zimmermann* 1991, 28 f.) raumdifferenzierend wirken. Wenn aber Wissen in modernen Ballungsgebieten besonders stark verfügbar ist, wirkt es zumeist agglomerierend.

---

[8] Die Begriffe 'agglomerierend' und 'zentripetal' werden synonym verwendet und stehen für 'auf Verdichtung (d.h. Ungleichverteilung) im Raum hinwirkend'. Auch 'deglomerierend' und 'zentrifugal' sind Synonyme und bedeuten 'Verdichtungen abbauend' oder 'auf eine Gleichverteilung im Raum hinwirkend'. 'Divergentes Wachstum' gehört zum ersten Begriffspaar, 'konvergentes Wachstum' zum zweiten.

(3) Agglomerations- und Deglomerationseffekte treten sowohl als **interne** als auch als **externe Ersparnisse** auf.[9]

(a) Kann ein Betrieb bei steigender örtlicher Produktion sinkende Durchschnittskosten verzeichnen (interne Ersparnisse oder steigende Skalenerträge), so wirkt das ceteris paribus agglomerativ: Die Produktion an einem einzigen Ort ist verglichen mit mehreren verstreuten Orten günstiger. Als Gründe hierfür gelten technische Unteilbarkeiten, eine effizientere interne Arbeitsteilung und organisatorische Rationalisierung (*von Böventer* 1962b, 14; 1979, 11). Ab einer bestimmten Größe (die branchenspezifisch und mit der Organisationsfähigkeit des Unternehmens schwankt) kann damit gerechnet werden, daß sich mit zunehmender Produktion die sinkenden in steigende Durchschnittskosten umkehren. Diese wirken deglomerativ, da die Produktion an mehreren verstreuten Orten effizienter erfolgt.

(b) Positive externe Effekte der Agglomeration, die *aufgrund der räumlichen Nähe* verschiedener Wirtschaftssubjekte entstehen, wirken zentripetal, negative wirken zentrifugal. Die Raumwirtschaftstheorie unterscheidet traditionell zwischen solchen Effekten, die nur auf Betriebe ein und derselben Branche wirken („localization economies" oder besser *Branchenagglomerationseffekte*), und solchen, die allgemein auf eine Ballung von Unternehmen hinwirken („urbanization economies" oder *Verstädterungseffekte*).[10] Positive Branchenagglomerationseffekte liegen in einem erleichterten branchenspezifischen Wissenstransfer bei räumlicher Nähe oder in der Möglichkeit, gemeinsam ein branchenspezifisches Ausbildungszentrum aufzubauen. Beispiele für Verstädterungseffekte sind alle allgemeinen Infrastrukturanlagen, etwa allgemeinbildende Schulen oder Entsorgungseinrichtungen.

Ebenfalls bedeutsam ist die Unterscheidung zwischen pekuniären und technologischen Externalitäten.[11] *Technologische* Externalitäten beeinflussen den Nutzen Dritter über nicht-marktliche Kanäle. Demgegenüber werden *pekuniäre* über den Marktmechanismus geleitet und ergeben sich immer, wenn Veränderungen in einem Bereich der Wirtschaft zu Anpassungen in anderen Bereichen führen. Während pekuniäre Externalitäten bei vollkommener Konkurrenz keine Wohlfahrtseffekte haben, gilt dies bei unvollkommener Konkurrenz und steigenden Skalenerträgen nicht mehr (s. *Krugman* 1991a, 485). Sie können dann z.B. eine Veränderung der Monopolrenten bewirken. Beispiele für pekuniäre Externalitäten sind etwa das Nachfragepotential, das die Arbeitskräfte angesiedelter Unternehmen für andere Betriebe bedeuten (positiv = agglomerierend), oder höhere Bodenpreise in Ballungen, die deglomerierend auf die Standortentscheidungen

---

[9] Schon *Alfred Weber* (1909, 19; allg. 121-163) spricht von „Agglomerativ- oder Deglomerativfaktoren", die „irgendwelche Verbilligung bei Häufung" (bzw. Verteuerung) bewirken. *Lösch* (1943, 48, 51) verwendet den Begriff „Vorteile der Masse und der Mischung".

[10] Diese Einteilung geht auf *Hoover* (1937) zurück und wurde dann insbesondere von *Isard* (1956, 172, 176-188) weiter ausgearbeitet. Auch *Lösch* (1943, 48, 51) wendet seine „Vorteile der Masse und der Mischung" sowohl auf die „Häufung gleichartiger Unternehmen" als auch auf die „Häufung verschiedenartiger Unternehmen" an.

[11] *Scitovsky* (1954, 146); s.a. *Krugman* (1996b, 8); *Weder* und *Grubel* (1993, 497).

wirken (negativ). Beispiele für technologische externe Effekte bilden Wissensspillovers (positiv) oder die Luftverschmutzung (negativ).

(4) Als vierter Faktor muß die Ordnungsbedingtheit der räumlichen Wirtschaftsstruktur genannt werden. Auch wenn nahezu alle raumwirtschaftstheoretischen Untersuchungen von **institutionellen Arrangements** abstrahieren, stellt schon folgende Überlegung ihre Bedeutung heraus: In zwei Städten mögen Faktorverfügbarkeit und -preise, Externalitäten und relative Transportkosten übereinstimmen. Es sei angenommen, daß sich aufgrund von Skalenerträgen die Produktion in nur einer der beiden Städte lohne. Der einzige Unterschied zwischen ihnen liege in institutionellen Gegebenheiten wie der Rechts- und Vertragssicherheit, dem Schutz der Property Rights oder der Besteuerungsart. Dann bestimmen diese institutionellen Gegebenheiten die räumliche Verteilung der Wirtschaftstätigkeit: Die Standortentscheidung eines Unternehmens wird auf diejenige Stadt fallen, die ihm die günstigeren Institutionen bietet.[12]

Tabelle 1: Raumstrukturbestimmende Faktoren

Raumstrukturbestimmender Faktor	Beispiele für zentripetale Kräfte	zentrifugale Kräfte
Natürliche Faktoren	seltene Ressourcenlager	
Raumüberwindungskosten	bei Gewichtsverlustmaterialien	bei Ubiquitäten
Produktionsfaktor Boden		generell
Produktionsfaktor Arbeit	Verfügbarkeit hochqualifizierter Arbeiter im Zentrum	hohe Lohnkosten im Zentrum
Produktionsfaktor Kapital	nur im Zentrum vorhandener Kapitalmarkt	
Skalenerträge	steigende: Unteilbarkeiten, effizientere interne Arbeitsteilung	sinkende: Wasserkopforganisation
Externe Effekte	(positive räumliche)	(negative räumliche)
- technologisch: localisation	branchenspezifischer Wissenstransfer	
urbanisation	branchenübergreifender Wissenstransfer, Lobbying einer Region	Verkehrsverstopfung, Luftverschmutzung, steigende Abfallbeseitigungsprobleme
- pekuniär: localisation	Benutzung spezialisierter Zuliefer- und Reparaturbetriebe, gemeinsame Absatz-, Forschungs- und Ausbildungsorganisationen	gegenseitiges Kundenabwerben nahe beieinanderliegender Dienstleistungsunternehmen
urbanisation	Anlage von Verkehrswegen, öffentlichen Versorgungsbetrieben und Verwaltungseinrichtungen, gemeinsamer Absatzmarkt	steigende Mieten und Bodenrenten, höhere Lohnkosten im Zentrum
Institutionelle Gegebenheiten	an einem Ort zentrierter Rechtsschutz	institutionelle Verkrustung der Agglomeration

---

[12] Zum institutionellen Bereich sind auch die meisten der neuerdings betonten „weichen" Standortfaktoren wie etwa soziale, kulturelle, architektonische und Freizeiteinrichtungen oder das durch die jeweilige politische Orientierung bestimmte regionale Image/Wirtschaftsklima (s. *Mertins* 1993, 108 f.) zu zählen.

Hiermit sind alle raumstrukturbestimmenden Faktoren zusammengetragen; Tabelle 1 gibt einen Überblick und jeweils Beispiele für zentripetale und zentrifugale Wirkung. Damit ist aber noch nichts darüber ausgesagt, wann und wo einzelne dieser Faktoren wirken bzw. dominieren, oder wann und wo die agglomerierenden oder die deglomerierenden Faktoren überwiegen. Zur Beantwortung dieser Fragen bedarf es einer Theorie, die Aussagen über das Auftreten der einzelnen Faktoren trifft (s. 3. Kapitel).

2.2. Stilisierte Fakten der räumlichen Agglomerationsentwicklung

Wie sieht nun aber die Realität aus, die eine Theorie der wirtschaftlichen Verteilung im Raum erklären können muß? Hierzu werden aus den vorliegenden empirischen Untersuchungen einige stilisierte Fakten herausgearbeitet, anhand derer eine Bewertung der vorliegenden Theorien vorgenommen werden kann (s. Tabelle 2 am Ende von Abschnitt 3.4.). Die stilisierten Fakten ① bis ④ stellen die *grundlegenden* Tatbestände dar, die eine Theorie der räumlichen Wirtschaftsverteilung erklären können muß. Die Fakten ⑤ bis ⑧ sind zusätzliche *spezielle* Tatbestände.

① *Die Wirtschaftstätigkeit findet* **nicht gleichverteilt** *im Raum statt; d.h. es gibt Räume, in denen sich Wirtschaftstätigkeit* **agglomeriert**, *und Räume, in denen wenig wirtschaftliche Aktivität stattfindet.* - Dieses Faktum ist evident, da ein Blick auf die Landkarte eines beliebigen Landes sie verifiziert. Es stellt das Grundfaktum für die Sinnhaftigkeit einer Untersuchung der räumlichen Verteilung der Wirtschaftstätigkeit dar. Gleichzeitig impliziert es, daß anhaltende Wachstumsunterschiede zwischen Räumen existieren (s. *Miracky* 1995, 9-23; *Blanchard* und *Katz* 1992, 51): andernfalls hätten überhaupt keine Agglomerationen entstehen können.

② *Die Agglomerationen und peripheren Räume ordnen sich in der Landschaft in einer* **hierarchischen Struktur von Marktnetzen** *an.* - *Christaller* (1933; 1950, 16-18) verifiziert diesen Tatbestand für „Die zentralen Orte in Süddeutschland" und „Das Grundgerüst der räumlichen Ordnung in Europa". *Lösch* (1943, 258-321, 87; 1938, 74-77) gibt zusätzlich einige Fallbeispiele für Nordamerika, da er dort ökonomische raumstrukturierende Faktoren am wenigsten durch andere Kräfte überlagert sieht.

③ *Periphere Räume können zu Wachstumsregionen werden, und Agglomerationen können stagnieren oder sich sogar zurückbilden. Daraus folgt auch, daß es einen* **Lebenszyklus von Agglomerationen** *gibt.* - Auch dieses Faktum ist aus der allgemeinen Anschauung bekannt. *Bairoch* (1988, 301) beschreibt, wie gerade in Phasen revolutionärer technologischer Veränderungen alte Städte durch neue Zentren verdrängt und dadurch die Städtehierarchie umgekehrt wurde: „The twentieth century has witnessed both the emergence of very great cities and their eventual stabilization, if not decline" (vgl. *Glaeser, Scheinkman* und *Shleifer* 1995, 117 f.). Fallbeispiele wie Detroit, Manchester oder das Ruhrgebiet zeigen eindrucksvoll, wie große industrielle Agglomerationen aus peripheren Räumen entstehen und eines Tages in wirtschaftlichen Niedergang verfallen können (s. *Schrader* 1993, 149). *Norton* und *Rees* (1979, 142) zeigen in einem empirischen Test der räumlichen Verteilung der US-amerikanischen Industrie, daß „in a reversal of the historical pattern, the periphery states now tend to specialize in the economy's 'rapid-growth' industries, and core states in slow growing ones."[13] Dies deutet darauf hin, daß es ökonomische Grenzen der Agglomeration gibt.

Daß Regionen mit einer hohen Ansammlung von Wirtschaftstätigkeit einerseits weitere Aktivitäten agglomerieren können (Faktum ①), andererseits aber irgendwann auf Grenzen stoßen und von peripheren Regionen ein- und ggf. sogar überholt werden können (③), schlägt sich auch in der kontroversen empirischen Konvergenz/Divergenz-Debatte nieder, die mit der Neuen Wachstumstheorie (NWT) aufgekommen ist. Während empirische Studien insbesondere von *Robert J. Barro* und *Xavier Sala-i-Martin* herausstellen, daß Regionen in allen untersuchten Ländern um etwa zwei Prozentpunkte pro Jahr konvergieren,[14] wird dieses Ergebnis im Gefolge einiger Studien von *Danny T. Quah* (1993; 1996a; 1996b) angezweifelt.[15] *Armstrong* (1995, 61-64) zeigt, daß bei der Interpretation all dieser Regressionsmodelle erhebliche Vorsicht angebracht ist. Dies gilt vor allem aufgrund der Unzulänglichkeit der vorliegenden Datensätze, der unbefriedigenden definitorischen Abgrenzung von Regionen und der Verwischung marktlicher Tendenzen durch regionalpolitische Aktivitäten. Deshalb sind die Ergebnisse dieser Konvergenzanalysen stark abhängig von der gewählten Modellspezifikation (*Button* und *Pentecost* 1995, 670). Die hier vorgestellten stilisierten Fakten implizieren, daß die regionale Verteilung in der Zeit schwankt (*Quah* 1996a, 951), daß also weder generelle Konvergenz noch generelle Divergenz besteht.[16] Für die EU-Regionen zeigt dies Abbildung 1, in der das Niveau des Pro-Kopf-Einkommens von 1980 in Beziehung zu dessen Veränderung zwischen 1980 und 1990 gestellt wird. Sowohl unter den reichen als auch unter den armen Regionen gibt es jeweils sowohl schnell als auch langsam wachsende. „[S]tets näherten sich einige dem Durchschnitt eher an, während sich gleichzeitig andere

---

[13] So wird die von Anfang bis Mitte des 20. Jahrhunderts wirtschaftsstärkste Region der USA, der „Manufacturing Belt", später oftmals nur noch als „Rust Belt" bezeichnet. Gleichzeitig entstand der „Sun Belt" im Süden der USA, der sich zur Zeit einem Niedergang gegenübersieht (s. *Krieger-Boden* 1995a, 75). - Wie das der vorliegenden Arbeit vorangestellte Zitat des griechischen Geschichtsschreibers *Herodot* belegt, ist der zyklische Lebensverlauf von Agglomerationen übrigens nicht erst im industriellen Zeitalter, sondern schon in der Antike (5. Jahrhundert v. Chr.) festzustellen.

[14] *Sala-i-Martin* (1996, 1325; 1994); *Barro* und *Sala-i-Martin* (1991; 1995, 382-413). - Dies wird an Staaten der USA, Präfekturen Japans, verschiedenen Regionen Europas und Provinzen Kanadas belegt. Es muß aber darauf hingewiesen werden, daß das Ergebnis in Europa nur jeweils für die Regionen innerhalb der untersuchten Staaten gilt, nicht aber für die Regionen Europas insgesamt. Das Konvergenzergebnis kommt nur aufgrund von „country dummies" bzw. einer Messung der Variablen „relative to the means of the respective countries" zustande (s. *Barro* und *Sala-i-Martin* 1995, 399, 398-401).

[15] *Mauro* und *Podrecca* (1994, 447) widersprechen jeglicher Konvergenz im Fall der italienischen Regionen. *Bode* (1997, 62, allg. 31-62) zeigt, daß für 75 westdeutsche Regionen zwischen 1976 und 1992 „die Divergenzhypothese nicht abzulehnen ist".

[16] Dies entspricht *Bode*s (1997, 146) Ergebnis für westdeutsche Regionen, daß „weder ein geschlossener 'Club' reicher Regionen noch eine 'Armutsfalle' für [arme Regionen] identifizierbar" ist.

davon entfernten. Es bestanden also Konvergenz- und Divergenzprozesse, Vorpreschen, Zurückfallen, Aufholen und Stagnieren nebeneinander" (*Krieger-Boden* 1995b, 201).

Abbildung 1: Niveau und Entwicklung der Pro-Kopf-Einkommen von EG-Regionen

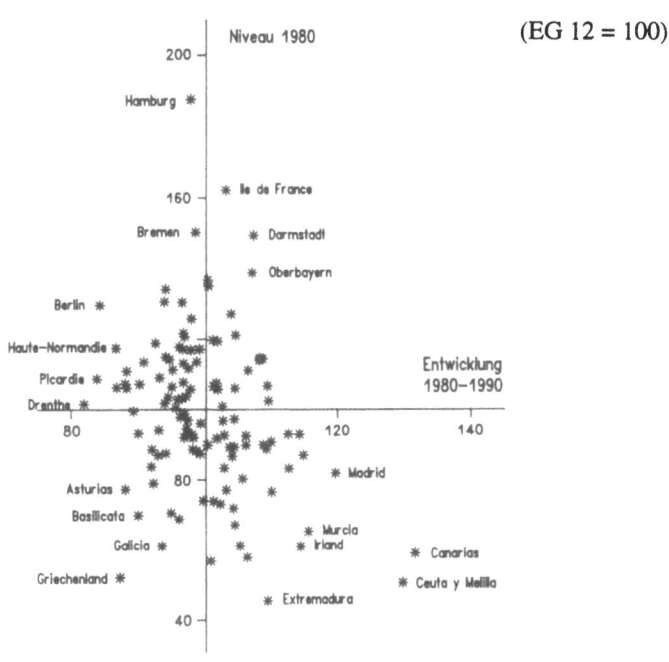

Quelle: *Krieger-Boden* (1995b, 210)

④ *Das Bild der unter ② beschriebenen Landschaftsstruktur verändert sich in der Zeit - ohne seine grundlegende Form verlieren zu müssen.* - Dies folgt direkt aus Faktum ③.

⑤ *Auch einzelne Industrien verdichten sich in wenigen Standorten.* - Dies zeigt *Krugman* (1991c, 54-67, 129-132) durch die Berechnung räumlicher Gini-Koeffizienten für US-amerikanische Industrien. Er unterstreicht die Konzentration einzelner Industrien durch mehrere Fallbeispiele, wie z.B. die US-amerikanische Teppichindustrie in Georgia, High-Tech-Industrien im Silicon Valley, Futures Trading in Chicago oder die Finanzzentren London und Tokio. Ähnliche Fallbeispiele finden sich auch in geographischen Gruppierungen einzelner Industriebranchen in Westdeutschland (Abbildung 2).

Abbildung 2: Geographische Konzentration in ausgewählten westdeutschen Branchen

Quelle: *Porter* (1991, 180)

⑥ *Die Verdichtung einzelner Industrien* **nimmt** *zumeist* **ab**, *wenn sich die Industrien in die späteren Phasen ihrer* **Lebenszyklen** *bewegen.* - Krugman (1991c, 63) stellt fest, daß „surely there is a kind of product cycle, in which emergent new industries initially flourish in localized industrial districts, then disperse as they mature." Während die Konzentration in einer Industrie verschwindet, tritt sie in neuen Industrien wieder auf: „Detroit fades, but Silicon Valley rises" (*Krugman* 1991c, 63). Ebenso zeigen *Hampe* und *Koll* (1989, 51-77) am Beispiel Bayerns, daß sich neue Sektoren zunächst konzentrieren und im Zeitablauf ausbreiten.

⑦ *Es gibt* **räumlich begrenzte Spillovers des Wissens**, *die die Agglomeration von Unternehmen begünstigen. Damit treten gerade auch Innovationen räumlich konzentriert auf.* - *Jaffe, Trajtenberg* und *Henderson* (1993, 577) vergleichen in den USA den geographischen Ort von Patentzitaten mit dem der zitierten Patente. So stellen sie bei Forschungsergebnissen fest, auf welchem Vorwissen sie beruhen, und weisen lokal begrenzte Wissensspillovers nach. *Glaeser et al.* (1992; s.a. *Miracky* 1995, 52-88) interpretieren ihr Ergebnis schneller wachsender Industrien in Städten mit kleineren Unternehmen dahingehend, daß bedeutende Wissensspillovers (insb. interindustriell) existieren. *Audretsch* und *Feldman* (1996b, 638 f.) zeigen, daß „the propensity for innovative activity to cluster spatially is more attributable to the influence of knowledge spillovers and not merely the geographic concentration of production", d.h. Innovationstätigkeit konzentriert sich noch stärker als Produktionstätigkeit (vgl. *Feldman* und *Audretsch* 1996, i; *Bairoch* 1988, 336). *Junius* (1997, 33-42, 43) schließlich weist nach, daß „dynamic [external economies of scale] can be said to be a local or regional rather than a national phenomenon".

⑧ *Die Bedeutung dieser räumlich begrenzten Spillovers des Wissens **nimmt im Verlaufe des Marktzyklus einer Industrie ab**.* - *Audretsch* und *Feldman* (1996a, 253) zeigen, daß die geographische Nähe für die Innovationstätigkeit vor allem in den frühen Phasen eines Industrielebenszyklus wichtig ist: „While the generation of new economic knowledge tends to result in a greater propensity for innovative activity to cluster during the early stages of the industry life cycle, innovative activity tends to be more highly dispersed during the mature and declining stages of the life cycle". Ebenso konstatieren *Jaffe*, *Trajtenberg* und *Henderson* (1993, 596), daß Informationen sich um so weiter ausbreiten, je länger die Zeitspanne nach einer Patentierung ist. Auch *Miracky* (1995, 74) stellt Wissensexternalitäten zwischen Firmen fest, die junge Güter produzieren, sich also in den frühen Phasen des Marktlebenszyklus befinden.

3. Theoretische Erklärung von Agglomerationen

Der Gegenstand der Raumwirtschaftstheorie ist die räumliche Dimension der Wirtschaftstätigkeit (*von Böventer* 1995, 788). Es wird nach Art und Ursachen der räumlichen Konzentration wirtschaftlicher Aktivitäten, nach regionalen Entwicklungsunterschieden und nach interregionalen Interaktionen gefragt (s. *Krieger-Boden* 1995a, 3 f.). Die vorliegende Studie konzentriert sich auf die Entstehung und Entwicklung von räumlichen Verdichtungen der Wirtschaftstätigkeit. Hierzu werden zunächst die verschiedenen vorhandenen Theorieansätze dargestellt, um sie dann in einer zusammenführenden dynamischen Erklärung von Verdichtungsräumen der Wirtschaftstätigkeit zu integrieren.

3.1. Die Sicht der Raumwirtschaftstheorie

3.1.1. Traditionelle Theorien der räumlichen Struktur der Wirtschaftslandschaft

Die Raumwirtschaftstheorie war traditionell weitgehend auf den deutschen Sprachraum beschränkt. *Blaug* (1979, 22) spricht von einem „effective German monopoly of spatial economics in the interwar period and an extraordinary German preoccupation with the subject for an entire century after Thünen." Die traditionellen Theorieansätze sind weitgehend statisch und versuchen, ein Bild der räumlichen Struktur der Wirtschaftslandschaft zu geben. „Unter der *Struktur der Landschaft* ist die regionale Verteilung der Produzenten verschiedener Produkte und der Konsumenten in Dörfern und Städten verschiedener Größe und die geographische Anordnung dieser Orte zu verstehen" (*von Böventer* 1962a, 77). Von den traditionellen Standorttheorien, die aus den unternehmerischen Standortentscheidungen die räumlichen Strukturen ableiten, werden hier als bedeutendste Ansätze die von *Thünen, Christaller* und *Lösch* sowie eine Integration dieser Ansätze vorgestellt.[17]

3.1.1.1. *Thünen*sche Ringe

Wie der Begründer der Raumwirtschaftstheorie, *Johann Heinrich von Thünen* (1842), bereits gezeigt hat, führen Transportkosten ceteris paribus zu einer räumlichen Differenzierung der Art und Intensität der landwirtschaftlichen Produktion. Er betrachtet eine von der Außenwelt isolierte „sehr große Stadt in der Mitte einer fruchtbaren Ebene [...] Es entsteht nun die Frage: [...] wie wird die größere oder geringere Entfernung von der Stadt auf den Landbau einwirken, wenn dieser mit der höchsten Konsequenz betrieben wird" (*von Thünen* 1842, 11 f.).

Verschiedene Agrarprodukte haben unterschiedliche Lagerenten, abhängig von ihrer Entfernung zum Zentrum:

$$R = E(p - C - Td)$$

mit R = Lagerente je Flächeneinheit; E = Bodenertrag des Gutes je Flächeneinheit; p = Marktpreis je Produkteinheit; C = Produktionskosten je Produkteinheit; T = Transportkosten je Distanzeinheit; d = Entfernung des Produktionsstandorts vom Konsumzentrum.[18]

Die Lagerente eines Gutes ist also im Zentrum um so höher, je höher sein Marktpreis und sein Bodenertrag sind. Sie sinkt mit zunehmender Entfernung vom Zentrum um so schneller, je schneller seine spezifischen Transport- und Produktionskosten steigen. Dadurch ergibt sich für jedes Gut eine spezifische Kostenstruktur, so daß in unterschiedlicher Entfernung zum Zentrum jeweils ein anderes Gut die maximale Lagerente verzeichnet (s. Abbildung 3). Es folgt eine Anordnung der Produktion der verschiedenen Güter in konzentrischen Kreisen („*Thünen*schen Ringen") um das Zentrum (vgl. *Krieger-Boden* 1995a, 6 f.; *Schätzl* 1996, 60-66).

Desweiteren zeigt *von Thünen*, daß die Intensität der Bodennutzung mit der Entfernung vom Zentrum abnimmt. Schon daraus ergibt sich eine **Ungleichverteilung** der Wirtschaftstätigkeit im Raum, mit einer gewissen Ballung in Stadtnähe und einer Entleerung in Stadtferne (*Müller* 1977, 456). Während die *Thünen*schen Ringe ein konsistentes Modell der räumlichen Verteilung der landwirtschaftlichen Produktion darstellen, sagen sie nichts über die Entstehung von Städten und deren Verteilung im Raum aus: „It simply assumes the thing you want to understand: the existence of a central urban market" (*Krugman* 1995, 53).

---

[17] Der ebenfalls grundlegende Ansatz der *Weber*schen Industriestandortlehre wurde schon in 2.1. unter dem Stichwort „Transportorientierung" in seinen Grundzügen angedeutet.

[18] *Shieh* (1992, 637f) weist darauf hin, daß das erste *formale* Modell der Bodennutzung von *Launhardt* (1885, 175-181) stammt, der auch erste exakte Lösungen der industriellen Standorttheorie entwickelte.

Abbildung 3: *Thünen*sche Ringe

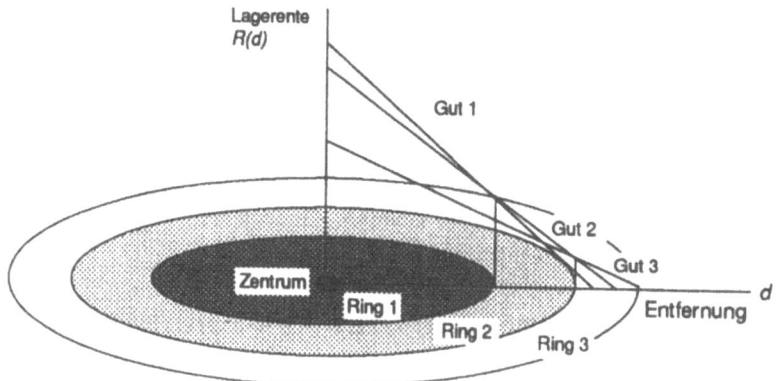

Quelle: *Krieger-Boden* (1995a, 7, Schaubild 1)

Anmerkung: Im Ring 1 ist Gut 1 das Gut mit der höchsten Lagerente, im Ring 2 Gut 2 und im Ring 3 Gut 3. Damit ergibt sich eine Anordnung der Produktion in konzentrischen Kreisen um das Zentrum.

3.1.1.2. *Christallers* System der zentralen Orte

Die Modelle von *Christaller* und *Lösch* sind die ersten Versuche, die Bildung von Städten unterschiedlicher Größe, ihre räumliche Anordnung und damit ein geschlossenes Landschaftsbild abzuleiten und theoretisch zu begründen. Beide gehen von einer in jeder Beziehung **homogenen Fläche** aus, mit einer Gleichverteilung von Ressourcen und Nachfrage sowie überall identischen Produktionsfunktionen, Präferenzen und gleicher Kaufkraft. Außerdem gibt es keine Bevölkerungsbewegungen (die Nachfrage bleibt homogen verteilt), die Kosten- und Nachfragefunktionen sind gegeben und jedes Gut wird für sich betrachtet (Partialanalyse) (vgl. *von Böventer* 1962a, 82 f.; 1962b, 19; *Isard* 1956, 271).

Interne Ersparnisse machen es vorteilhaft, die Produktion eines Gutes für ein bestimmtes Absatzgebiet zentral an einem Ort durchzuführen. Da aber das Auftreten von mit der Entfernung vom Produzenten ansteigenden Transportkosten eine trichterförmige Kostenstruktur in der Fläche erzeugt, genießen näher am Abnehmer gelegene Produzenten einen Wettbewerbsvorteil. Dadurch zerfällt der einzelne Markt, den es im Ein-Punkt-Modell pro Gut gibt, in mehrere (Teil-)Märkte; die Transportkosten führen zu einer Unvollkommenheit der Märkte. Indem die einzelnen Anbieter versuchen, ihre Transportkosten (d.h. die Summe der Entfernungen zu den Nachfragern) zu minimieren, streben sie eine Maximierung der Abstände von den jeweils nächsten Konkurrenten an (*von Böventer* 1995, 794). Dies führt zu einer Anordnung der Produktionsstätten im Zentrum von **regelmäßigen sechseckigen Marktgebieten** („Bienenwaben"-System), da diese das Polygon höchster Ordnung darstellen, mit dem die Fläche (das Absatzgebiet) vollständig ausgefüllt werden kann (*von Böventer* 1962a, 85). Durch die **räumliche**

Konkurrenz ergibt sich also eine für jedes Gut spezifische Gleichverteilung der Angebotsorte über die Fläche.

Christaller (1933; s.a. 1950) leitet hieraus ein hierarchisches System zentraler Orte ab, bei dem die jeweils höhere Orts-Hierarchie-Ebene *zusätzlich* zur niedrigeren *weitere* Güter mit einem größeren Absatzgebiet produziert. Abbildung 4 stellt dies eindimensional dar: „Zwei-Ring-Güter" (⊚) werden nur in A-Orten angeboten, „Ein-Ring-Güter" (O) auch auf der nächst kleineren Ebene der B-Orte, „Kreuz-Güter" (×) zusätzlich auch in C-Orten, und „Punkt-Güter" (•) (mit dem kleinsten Absatzgebiet) werden neben all den größeren Orten auch in d-Orten angeboten.

Abbildung 4:   Eindimensionale Darstellung: Zentrale-Orte-Hierarchie nach
                 Christaller

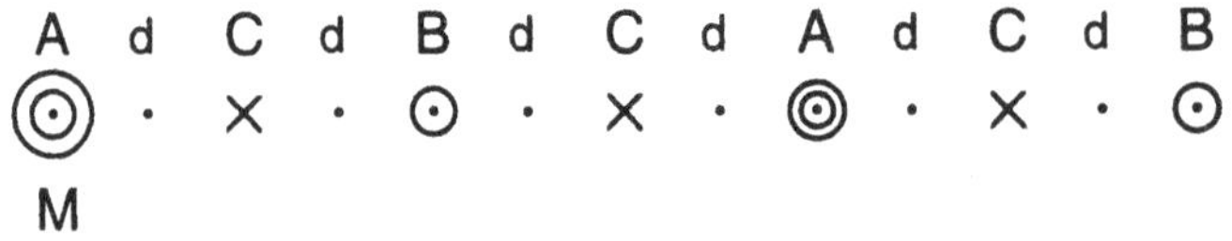

```
A    d    C    d    B    d    C    d    A    d    C    d    B
⊚    ·    ×    ·    ⊙    ·    ×    ·    ⊚    ·    ×    ·    ⊙
M
```

Quelle: *von Böventer* (1995, 796)

Abbildung 5 stellt das *Christaller*-System zweidimensional dar. Zentrale Orte unterschiedlicher Hierarchie übernehmen für ein jeweils unterschiedlich großes Umland die Versorgung (mit). *Christaller* (1933, 27-30) verstand unter zentralen Funktionen insbesondere die Leistungen des tertiären Sektors, sowohl des privatwirtschaftlichen (Handel, Banken) als auch des öffentlichen (Schulen, Verwaltung).

Abbildung 5:   Theoretisches Bild der *Christaller*-Landschaft

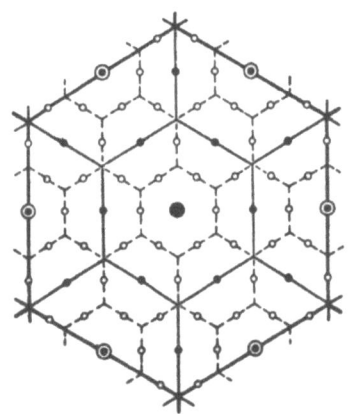

Quelle: *Lösch* (1943, 92, Abbildung 35)

3.1.1.3. *Lösch*s System der Marktnetze

Lösch (1943, 91-93; 1938; s.a. *Valavanis* 1955) hat gezeigt, daß *Christaller*s hierarchisches System nur ein Sonderfall eines komplexeren Systems ist, in dem es auch zu teilweiser Spezialisierung der Angebotsorte kommen kann. Ein Ort kann ein Gut anbieten, welches ein anderer Ort gleicher oder sogar übergeordneter Größe nicht anbietet. Dies wird schon in der eindimensionalen Darstellung (Abbildung 6) deutlich: „Punkt-Güter" mit den kleinsten Märkten werden überall angeboten, „Kreis-Güter" nur in jedem zweiten Ort (1, 3, 5 ...), „Kreuz-Güter" nur in jedem dritten (1, 4, 7 ...), „Rechteck-Güter" nur in jedem vierten (1, 5, 9 ...) und „Rauten-Güter" nur in jedem fünften (1, 6, 11 ...) usw. Dadurch spezialisieren sich z.B. die Orte 4, 5 und 6 auf jeweils verschiedene Güter (Kreuz, Kreis/Rechteck, Raute).

Abbildung 6: Eindimensionale Darstellung: Spezialisierung nach *Lösch*

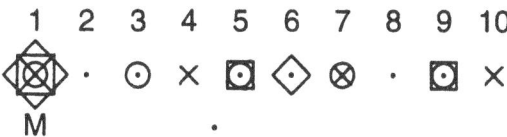

Quelle: *von Böventer* (1995, 796)

Es entsteht ein komplexes differenziertes **System von Marktnetzen mit teilweiser Spezialisierung** der Orte (s. Abbildung 7a), in dem es zur Häufung zentraler Orte in einigen Gebieten (Sektoren) und zu relativ wenigen zentralen Orten in anderen Gebieten kommt (s. Abbildung 7b).

Abbildung 7: Theoretisches Bild der *Lösch*-Landschaft

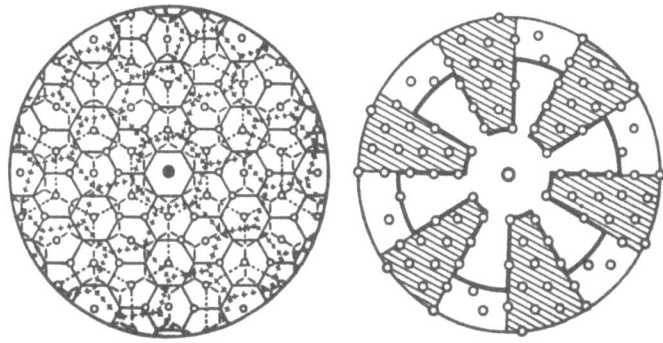

(a) **Darstellung mit Netzen**   (b) **Darstellung der sich ergebenden Sektorstruktur**

Quelle: *Lösch* (1943, 87, Abbildungen 28 und 29)

Lösch (1943, 96-154) selbst macht deutlich, daß sich die Wirtschaftsgebiete in Wirklichkeit durch wirtschaftliche, natürliche, menschliche und politische Unterschiede im

Raum mehr oder weniger stark von diesem Idealbild entfernen. In dem Modell werden idealisierend Markträume behandelt, „die nicht das Ergebnis irgendwelcher natürlicher oder politischer Ungleichheiten sind, also keine abgeleiteten Wirtschaftsgebiete, sondern solche, die aus dem **Gegenspiel rein ökonomischer Kräfte** sich ergeben, von denen die einen auf räumliche Sammlung hinwirken, die anderen auf Zerstreuung. Die konzentrierenden Kräfte sind die Vorteile der Spezialisierung und der Erzeugung im großen, die auflockernden Kräfte sind Vorteile der Vielseitigkeit und die Versandkosten" (*Lösch* 1943, 71 f.; Hervorhebung nicht im Original). Hier wird deutlich, daß das Modell einzelne zentripetale einzelnen zentrifugalen Kräften gegenüberstellt.

Allerdings wird auch klar, daß einige wesentliche raumstrukturbestimmende Faktoren nicht in das Modell einfließen: Insbesondere externe Effekte werden nicht explizit betrachtet (s. *von Böventer* 1962b, 19). Diese dürften zu einer stärkeren Konzentration der Wirtschaftstätigkeit führen, als *Lösch* sie beschreibt. Darüber hinaus sieht *Isard* (1956, 271) den wohl schwerwiegendsten Mangel des *Lösch*-Systems zurecht darin, daß es eine unterschiedliche Konzentration der Industrie und damit der Arbeitsplätze herleitet und trotzdem weiterhin eine Gleichverteilung der konsumierenden Bevölkerung unterstellt. Da sich mit der Produktion aber auch die Nachfrage in den Zentren agglomeriert, wird es zu einer noch stärkeren Konzentration der Marktgebiete und Produzenten kommen. Die Größe eines Marktgebietes, die notwendig ist, um genügend Nachfrage für die Produktion eines Gutes zu generieren, ist in der Nähe des Zentrums wesentlich kleiner als in großer Entfernung des Zentrums. Man erhält folglich ein **System verzerrter Sechsecke**, deren Größe zum Zentrum hin abnimmt (s. Abbildung 8).[19]

Die Theorien von *Christaller* und *Lösch* sind in der Lage, die stilisierten Fakten ① (Agglomeration) und ② (Struktur von Marktnetzen) zu erklären. Mit der Möglichkeit spezialisierter Orte ermöglicht *Löschs* System zumindest auch eine Facette der ungleichmäßig verteilten Industrie (⑤). Was sie nicht modellendogen erklären können, sind die Veränderung des Systems in der Zeit (④), den Lebenszyklus einer Agglomeration (③) und der räumlichen Industrieansiedlung (⑥ - s. für eine Übersicht über die stilisierten Fakten und alle vorgestellten Theorien jeweils Tabelle 2 am Ende von Abschnitt 3.4.).

---

[19] *Isards* (1956, 274) zweite grundlegende Kritik am *Lösch*-System, daß Rohstoffe als überall verfügbar (Ubiquitäten) angesehen werden und darum nicht als zentripetale Kräfte zur Ballung der Produktion an großen Ressourcenlagern wirken können, sind zwei Argumente entgegenzuhalten: (1) Wie im obigen Zitat deutlich wird, trifft *Lösch* diese Annahme explizit, und er geht im weiteren Verlauf seines Werkes darauf ein, welche Auswirkungen eine Abweichung von dieser Annahme auf das System hat. (2) Die räumliche Konzentration von Rohstoffvorkommen kann mit einer ökonomischen Theorie nicht erklärt, sondern muß als gegeben hingenommen werden.

Dynamische Raumwirtschaftstheorie und EU-Regionalpolitik · 17 ·

Abbildung 8: Theoretisches Bild der modifizierten *Lösch*-Landschaft unter Beachtung der resultierenden Bevölkerungsverteilung

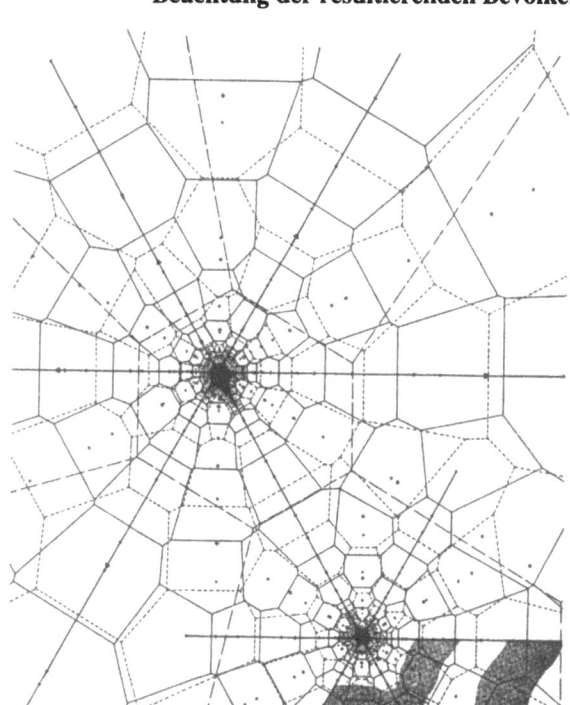

Quelle: *Isard* (1956, 272, Abbildung 52)

Anmerkung: Neben dem Hauptzentrum in der Mitte ist noch ein zweites, etwas kleineres Zentrum rechts unten eingezeichnet. Die schattierten Zonen rechts unten von diesem zweiten Zentrum deuten die landwirtschaftlichen Bodennutzungsformen an (*Thünen*sche Ringe).

3.1.1.4. Von *Böventers* Integration der Standortstrukturtheorien

Der wichtigste Fortschritt der Analyse *von Böventers* (1962a; 1979, 237-252) gegenüber den statischen Modellen ist der Nachweis, daß sich das Gewicht der einzelnen strukturbestimmenden Faktoren im Entwicklungsprozeß einer evolutionären Volkswirtschaft verändert (vgl. *Schätzl* 1996, 89). Wichtige **historische Entwicklungstendenzen** sind dabei die sinkende Bedeutung der Landwirtschaft an der gesamten Wirtschaftstätigkeit, säkular sinkende Transportkosten, steigende Güter- und Faktormobilität sowie die wachsende Bedeutung interner Ersparnisse (und damit eine steigende durchschnittliche optimale Betriebsgröße).

In einer ersten Entwicklungsphase, in der die Gesamtwirtschaft noch stark von der eigenen Landwirtschaft abhängt, konstatiert *von Böventer* (1962b, 20) ein System *Thünen*scher Ringe für den primären Sektor, ein (stark modifiziertes) *Lösch*-System für den sekundären Sektor und einen sich nach dem *Christaller*-System räumlich verteilenden tertiären Sektor. Der historische Entwicklungsprozeß vollzieht sich dann in räumlich differenzierter Weise: Zunächst erfahren einige wenige große Zentren aufgrund von Branchen mit hohen betriebsexternen Ersparnissen ein kräftiges Wachstum. Im weiteren Verlauf kommt es zu einer dezentralen Konzentration, indem sich die Industrialisierung auf die Zentren weiterer Regionen und niedrigerer Hierarchieebenen ausweitet, wodurch die interregionalen Unterschiede abnehmen. In einer anschließenden Phase kommt es zum Abbau intraregionaler Unterschiede, da sich in den Zentren Agglomerationsnachteile bemerkbar machen. Branchen mit hohen betriebsinternen, aber niedrigen externen Ersparnissen ziehen den billigeren peripheren Raum den hohen Bodenpreisen in der Agglomeration vor, so daß es zur Stadtflucht und zur Ausdehnung der Agglomerationsräume kommt.[20] Während damit das System allgemein an Regelmäßigkeit verliert, ist im weltweiten Rahmen weiterhin mit einer Hierarchie der Ballungsräume bzw. Industriezentren im Sinne einer „multizentrischen Weltwirtschaft" (*Predöhl* 1971, 134-149) zu rechnen.

Da es sich bei *von Böventer*s Beitrag um eine Integration der zuvor vorgestellten Theorien handelt, kann er die stilisierten Fakten ① und ② erklären. Allerdings verliert in seinem Modell entgegen ④ die Landschaftsstruktur ihre grundlegende Form. Ein Lebenszyklus von Agglomerationen (③) ist ebenfalls nicht zu erkennen. *Von Böventer*s Einführen der historischen Zeit kann die dynamischen Tatbestände der Realität damit nicht zufriedenstellend erklären. Er zielt im wesentlichen auf den groben geschichtlichen Übergang von der Agrar- zur Industrie- und Dienstleistungsgesellschaft ab. Diese äußerst langfristige Perspektive mit ihren globalen Aussagen ermöglicht es kaum, mittel- oder gar kurzfristige Veränderungen in der räumlichen Verteilung der Wirtschaftstätigkeit zu erklären.

3.1.2. Regionale Polarisationsmodelle

Verschiedene polarisationstheoretische Modelle versuchen, räumliche Disparitäten der Wirtschaftsaktivitäten dynamisch zu erklären.[21] Sie gehen davon aus, daß einmal aufgetretene Ungleichgewichte einen zirkulär verursachten kumulativen Entwicklungsprozeß in Gang setzen. Dieser verstärkt die Ungleichgewichte weiter und führt somit zu

---

[20] Vgl. hierzu auch *Gaebe* (1987), der einen vierphasigen Prozeß der Urbanisierung, Suburbanisierung, Desurbanisierung und Reurbanisierung beschreibt.

[21] Diese Modelle sind zumeist als Antithesen gegen die neoklassischen Modelle gleichgewichtigen Wachstums entstanden (s. *Schätzl* 1996, 151; *Gaebe* 1987, 217). Letztere werden hier aus Gründen des Zusammenhangs unter 3.2.1. behandelt. - Eine verbale Formalisierung dieser Ansätze stammt von *Kaldor* (1970, 337-348); diese wurde von *Dixon* und *Thirlwall* (1975) sowie *Richardson* (1973, 30-34) mathematisch formalisiert.

einer Polarisation zwischen Zentrum und Peripherie.[22] In *Gunnar Myrdals* (1959, 9-37) Modell der **kumulativen Verursachung** (cumulative causation) besteht die Tendenz zu regionalen wirtschaftlichen Ungleichheiten aufgrund einer selektiven Sogwirkung, die dem Hinterland Produktionspotential (insb. die qualifiziertesten Arbeitskräfte) zugunsten des Zentrums entzieht, da diese dort produktiver eingesetzt und besser entlohnt werden können. Diesen zentripetalen Entzugseffekten (backwash effects) stehen zwar auch zentrifugale Ausbreitungseffekte (spread effects) zugunsten des Hinterlandes gegenüber (z.B. Ausbreitung des technischen Wissens). Diese schätzt *Myrdal* jedoch geringer ein, so daß per Saldo eine Agglomerationstendenz entsteht und es zu einer ausgeprägten räumlichen Differenzierung zwischen wachsenden Zentren und zurückfallender Peripherie kommt.

Hirschman (1967, 61-65) vertritt die These, daß wirtschaftliches Wachstum **zwangsläufig** eine Kette von **Ungleichgewichten** ist, wobei von führenden Branchen durch Vorwärts- und Rückwärtskopplungseffekte (forward and backward linkages) Wachstumsimpulse auf andere Wirtschaftsbereiche übertragen werden.[23] Dadurch treten im Entwicklungsprozeß notwendigerweise Wachstumspunkte oder -pole auf, so daß „international und interregional ungleichmäßiges Wachstum eine unvermeidliche Begleiterscheinung und Bedingung des Wachstums selbst ist. Somit ist im geographischen Sinne das Wachstum notwendigerweise ungleichgewichtig" (*Hirschman* 1967, 172). Dies gibt eine klare Basis für Faktum ①. Dementsprechend überwiegen in einer ersten Entwicklungsphase Polarisationseffekte (polarization effects) aufgrund interner und externer Ersparnisse und führen zu einer Verschärfung räumlicher Ungleichgewichte. In einer weiteren Phase bewirken aber Sickereffekte (trickling down effects) einen Abbau interregionaler und internationaler Einkommensunterschiede, da die Konzentration ökonomischer Aktivitäten Agglomerationsnachteile und politische Gegenkräfte hervorruft (*Hirschman* 1967, 171-189). *Hirschmans* Polarisations- und Sickereffekte entsprechen (nach seinen eigenen Angaben) *Myrdals* Entzugs- und Ausbreitungseffekten. „Trotzdem bestehen erhebliche Unterschiede hinsichtlich der Gewichtung und der Schlußfolgerungen" (*Hirschman* 1967, 175). Erstens erkennt *Myrdal* nicht die Unvermeidbarkeit von Entwicklungsunterschieden, die Voraussetzung für die weitere Entwicklung der übrigen Gebiete sind. „Zweitens hindert ihn seine Voreingenommenheit für das 'Prinzip der kumulativen Verursachung' daran, die starken Kräfte zu erkennen, die eine Wendung herbeiführen" (*Hirschman* 1967, 176).

Als zentraler **Kritikpunkt** gegen die Polarisationsmodelle ist einzuwenden, daß sie die positiven gegenüber den negativen Effekten von Agglomerationen überbetonen (vgl.

---

[22] Vgl. *Schätzl* (1996, 151-161, 175-187); *Krieger-Boden* (1995a, 36-40); *Buttler* und *Hirschenauer* (1995, 1058-1063). - Der Begründer der Wachstumspoltheorien, *François Perroux* (1970, 94), spricht von *Wachstumspolen*, in denen sich aufgrund von *Schumpeter*schen Innovationen führende Industriezweige herausbilden.

[23] Rückwärtskopplungseffekte bestehen darin, daß jede nicht primärwirtschaftliche Aktivität die Produktion ihrer erforderlichen Inputs anzieht, während Vorwärtskopplungseffekte die Verwendung eines erzeugten Outputs als Input bei neuen Aktivitäten induzieren (*Hirschman* 1967, 94; allg. 92-112).

Krieger-Boden 1995b, 199). „Eine realistische Theorie der räumlichen Polarisation müßte nicht nur das Entstehen und die Blüte, sondern auch den Verfall von Zentren erklären" (*Buttler* und *Hirschenauer* 1995, 1058). Weder die Stagnation oder Zurückbildung einst wachsender Verdichtungsräume noch das Auf- und Überholen einst peripherer Regionen (Faktum ③) können aber von den Polarisationsmodellen hinreichend erklärt werden. Ihre Ausführungen über die Stärke der zentrifugalen und zentripetalen Kräfte lassen keine abschließenden Aussagen über deren Auswirkungen auf den räumlichen Differenzierungsprozeß zu: Trotz gleicher theoretischer Ausgangsbasis und räumlicher Interaktionsmechanismen erwartet *Myrdal* andauernde Divergenz, während *Hirschman* schließlich mit einem Abbau der interregionalen Unterschiede rechnet (vgl. *Schätzl* 1996, 158). Schließlich kann keines der Modelle die Frage nach der Initialzündung für eine kumulative Entwicklung beantworten (vgl. *Krieger-Boden* 1995a, 39).

Dies läßt auf die interessante polarisationstheoretische Weiterentwicklung *Lasuén*s (1973, 163-188) verweisen, der davon ausgeht, daß Innovationen aufgrund von internen und externen Ersparnissen und Komplementaritäten zeitlich und räumlich diskontinuierlich in Clustern anfallen (entsprechend Faktum ⑦). Während diese **selektive Diffusion von Wissen und Innovationen** zunächst das Zentrum begünstigt, breitet sich in einer zweiten Phase die Kenntnis darüber und die Nachfrage danach in konzentrischen Ringen aus, so daß in einer dritten Phase die Produktion auch in den anderen Gebieten adaptiert wird. Es bildet sich nach Ansicht *Lasuén*s eine relativ stabile hierarchische Ordnung des urbanen Systems.

3.1.3. „New Economic Geography" Modelle

Seit Anfang der 90er Jahre ist ausgehend von *Paul Krugman* eine lebhafte Weiterentwicklung auf dem Gebiet der Raumwirtschaftstheorie zu verzeichnen.[24] *Krugman* (1995, 55) ist der Ansicht, daß „economic geography's time has come, that we are ready to put spatial concerns into the mainstream of economics." Mit der Formalisierung von *Dixit* und *Stiglitz* (1977) bestehe jetzt die Möglichkeit, die aufgrund steigender Skalenerträge entstehende Marktstruktur der unvollkommenen Konkurrenz zu modellieren. Dies sei bisher der Hauptgrund für die Vernachlässigung raumwirtschaftlicher Belange im Mainstream gewesen.[25] Schon *Lösch* (1943, 44, 74 f.) war sich bewußt, daß es bei

---

[24] *Krugman* (1991c, 1; vgl.a. x-xi) selbst spricht von „economic geography"; *Bröcker* (1997, 25) nennt diesen Ansatz „new location theory". Als die für diese Modelle treffendste Bezeichnung wurde in dieser Arbeit der Begriff „'new economic geography' models" (*Krugman* 1994a, 413; vgl. 1996b, 10) übernommen.

[25] Die langjährige Vernachlässigung der deutschsprachigen Raumwirtschaftstheorie sei kein historischer Zufall, sondern in den bisher unzureichenden Modellierungsfähigkeiten der Mainstream-Ökonomen begründet: „In spatial economics [...] you really cannot get started at all without finding a way to deal with scale economies and oligopolistic firms" (*Krugman* 1995, 35). Ohne steigende Skalenerträge würde es nämlich durch Transportkosten auf einer homogenen Fläche zu gleichverteilter Produktion aller Güter kommen, zu Familienhöfen mit Subsistenzwirtschaft bei allen Gütern (sog. „backyard capitalism") - dies widerspricht schon Faktum ①.

einer Berücksichtigung des Raumes inhärent keine vollkommene, sondern nur monopolistische Konkurrenz geben kann (s. ausführlich *Scotchmer* und *Thisse* 1992).[26] *Krugmans* wesentlicher neuer Beitrag ist darin zu sehen, die Einsichten der langen, aber nicht formalisierten Tradition in **formalen Modellen** auszudrücken. In seinen voll spezifizierten allgemeinen Gleichgewichtsmodellen entsteht das Ergebnis aus dem Zusammenspiel klar definierten individuellen Verhaltens (s. *Krugman* 1991c, 101; 1993b, 293).

Auch diese Modelle sind eine Gegenüberstellung zentripetaler und zentrifugaler Kräfte: „Any interesting model of economic geography must exhibit a tension between two kinds of forces: 'centripetal' forces that tend to pull economic activity into agglomerations, and 'centrifugal' forces that tend to break up such agglomerations or limit their size" (*Krugman* 1995, 90). Die Zahl der berücksichtigten Faktoren ist aufgrund der Notwendigkeit der Formalisierung allerdings sehr begrenzt. Dadurch sind die Modelle „vastly oversimplified" und „patently unrealistic" und bilden nur einige der realen Gründe für das Entstehen von Raumstrukturen ab (*Krugman* 1991a, 498; 1992, 39; 1994b, 1; 1996a, 106). Deshalb sollten sie auch nicht als substitutionell, sondern als komplementär zu anderen regionalökonomischen Ansätzen angesehen werden.

Die Raumdifferenzierung erfolgt in den NEG-Modellen aufgrund des Zusammenspiels von **steigenden Skalenerträgen** (zentripetale Kraft) und **Transportkosten** bei verstreuten immobilen Faktoren (zentrifugale Kraft). Da zumindest ein Teil der Faktoren als mobil angesehen wird (mobile Industrien und deren Arbeiter), kommt es zu einer kumulativen Verursachung (s. 3.1.2.): Firmen siedeln sich dort an, wo die Nachfrage groß und der Zugang zu den Inputanbietern am besten ist (*Hirschmans* 'backward' und 'forward linkages'). Dies ist genau dort der Fall, wo sich Produzenten agglomeriert und damit mobile Produktionsfaktoren zusammengezogen haben (vgl. *Krugman* 1991c, 105, 98; 1995, 91).

Krugmans grundlegendes Modell besteht aus zwei Sektoren (eine formale Herleitung des Modells findet sich in Anhang 1). Die Landwirtschaft (und mit ihr die Bauern) ist gleichmäßig im Raum verteilt, geographisch immobil und produziert mit konstanten Skalenerträgen. Eine große Anzahl von Industriebetrieben ist hingegen geographisch mobil (und mit ihr die Arbeiter) und produziert je eine andere Produktart mit steigenden Skalenerträgen (monopolistische Konkurrenz). Jeder Betrieb setzt seinen Preis als einen monopolistischen Aufschlag auf die Grenzkosten. Freier Markteintritt führt zu einer Vernichtung sämtlicher Profite. Durch den Trick von *Dixit* und *Stiglitz* (1977), den Output jedes einzelnen Betriebs konstant zu setzen, so daß alle Outputvariationen der Industrie Variationen in der Anzahl der Betriebe darstellen, ist eine Formalisierung dieser monopolistischen Industrie möglich. Da die Marktteilnehmer eine Präferenz für Produktdiversifizierung haben („Love of variety"-Ansatz), macht eine diversifizierte Industrie jeden weiteren Betrieb produktiver und die Nachfrager zufriedener. So verwandeln

---

[26] Daher wohl auch *Krugmans* Aussage, daß „maybe [I claim] more originality than I really have. [...] I am having a terrible time with my current work on economic geography: referees tell me that it's obvious, it's wrong, and anyway they said it years ago" (zitiert in: *Gans* und *Shepherd* 1994, 178).

sich in diesem Modell steigende Skalenerträge auf Betriebsebene in positive Agglomerationseffekte auf regionaler Ebene: Die Marktgröße spielt hier eine wichtige Rolle, während sie in traditionellen neoklassischen Modellen irrelevant ist.

Für den Industriesektor stellt sich die **Standortfrage als Optimierungsproblem**. Einerseits sollte die Produktion zur Ausnutzung der Skalenerträge an möglichst wenigen Standorten stattfinden, andererseits sollte sie sich aufgrund von Transportkosten möglichst nahe bei den Nachfragern ansiedeln. Da mit den Bauern zumindest ein Teil der Nachfrage gleichmäßig im Raum verteilt ist, spricht dies für möglichst viele Standorte. Es kommt zu einer Konzentration der Industrieproduktion, wenn (a) die Skalenerträge im Vergleich zu den Transportkosten groß genug sind, (b) die Nachfrage der Landbevölkerung nur einen geringen Anteil der Gesamtnachfrage ausmacht und (c) es bereits einen Kristallisationspunkt mit einer gewissen Konzentration von Arbeitern und Nachfragern gibt.

Wenn sich die Bedingungen im Zeitablauf ändern, ändert sich auch die räumliche Verteilung der Wirtschaftstätigkeit (komparativ-statische Betrachtung). Mit steigender Bedeutung der Skalenerträge relativ zu Transportkosten und einer sinkenden relativen Größe des Agrarsektors kommt es ab einem kritischen Grenzwert zu einem Prozeß der räumlichen Konzentration. Bei zunehmender Kristallisation der Industrieproduktion erhöht sich auch die Konzentration der Nachfrage (aufgrund der Wanderung der Arbeiter), was wiederum den Agglomerationsanreiz steigert. Es bilden sich ein industrielles Zentrum und eine agrarische Peripherie heraus. Da die einmal gebildeten Industriekomplexe weitere Wirtschaftstätigkeit anziehen, können kleine Ursachen große Folgen haben: history matters.[27] Welcher spezifische von verschiedenen möglichen Standorten die Konzentration anzieht, ist zu Beginn noch offen (multiple Gleichgewichte). Ist der Agglomerationsprozeß aber einmal in Gang gekommen, dann ist der weitere Pfad der Entwicklung vorgegeben (Pfadabhängigkeit oder Hysteresis).

Das zunächst nur für zwei Regionen dargestellte Grundmodell wurde mit der Zeit in verschiedene Richtungen ausgeweitet. So werden ein kontinuierlicher Raum und die Möglichkeit mehrerer Zentren untersucht (*Krugman* 1991b). Bei einer dynamischen Betrachtung des kumulativen Prozesses mit mehreren Zentren kann eine Zentrale-Orte-Verteilung entstehen (*Krugman* 1993b; s. Abbildung A.1 im Anhang), so daß sich eine Synthese der regionalen Polarisationsmodelle mit den Theorien der Raumstruktur von *Christaller* und *Lösch* ergibt (s. *Krugman* 1995, 61-64). Es kommt zu einer „self-organizing economy", einer komplexen Landschaft, in der aus einem ungeordneten Startzustand spontan Ordnung entsteht (*Krugman* 1992, 38; 1994a, 415; 1996a).

---

[27] Die Bedeutung geschichtlicher Faktoren für die räumliche Allokation von Wirtschaftstätigkeit unterstreicht schon *von Mises* (1949, 510), der aber insbesondere auf die begrenzte Konvertibilität des Sachkapitals abhebt: „The present distribution of human abodes and industrial centers over the earth's surface is to a certain degree determined by historical factors. [...] Capital goods of limited convertibility have been invested in areas which, from the point of view of our present knowledge, offer less favorable opportunities."

Aufgrund der selektiven Auswahl raumstrukturbestimmender Faktoren können die NEG-Modelle nicht als umfassende Theorien der Entstehung räumlicher Verdichtungen angesehen werden (vgl. *Schmutzler* 1995, 44). So betrachten sie lediglich pekuniäre externe Effekte und lassen technologische beiseite, da letztere ein schwer zu fassendes Konzept seien (*Krugman* 1991a, 497). Diese Auswahl aus formal-technischen Gründen könnte aber schon allein deshalb an der Realität vorbeigehen, weil es durchaus möglich ist, daß die entscheidenden Einflüsse mit dem heutigen formalisationstechnischen Wissensstand eben nicht zufriedenstellend formalisiert werden können.[28]

Als stärkste Kritik ist den Modellen allerdings entgegenzuhalten, daß sie sich allzu stark auf zentripetale Kräfte konzentrieren. Den Niedergang einer Agglomeration können sie nicht erklären, da sie überhaupt keine Nachteile starker räumlicher Konzentration vorsehen (vgl. *Krieger-Boden* 1995a, 52).[29] Dies widerspricht den stilisierten Fakten ③ und ⑥. *Junius* (1996b, 34; s.a. 1996a, 2, 45) zeigt in einem erweiterten NEG-Modell, daß „congestion effects limit the usual cumulative causation effects and prevent the lock-in of industrial production in one region." Gleichwohl stellen *Krugmans* formale Modelle wertvolle Erweiterungen der traditionellen Raumwirtschaftstheorie dar, weil die Fakten ①, ② und ⑤ zum ersten Mal in formaltheoretischen Modellen erklärt werden können.

3.2. Die Sicht der Neuen Wachstumstheorie

Die NEG-Modelle sind, wie auch die traditionelle Raumwirtschaftstheorie, statisch, z.T. durch komparativ-statische Betrachtungen erweitert. Eine realistische Untersuchung der Entstehung von Agglomerationen muß jedoch dynamisch angelegt sein. Dazu ist es hilfreich, sich die Wachstumstheorie zunutze zu machen, deren Ziel es ist, die Entwicklung der Wirtschaftstätigkeit in der Zeit zu erklären. Obwohl weder die „alte" Wachstumstheorie noch die NWT ursprünglich raumwirtschaftliche Theorien darstellen, sind sie doch von erheblicher Relevanz für die Regionalökonomik.

Da die NWT als Kritik der „alten" entstanden ist und deren Modellrahmen verwendet, ist es sinnvoll, zunächst kurz auf letztere und ihre raumwirtschaftlichen Implikationen einzugehen (3.2.1.). Danach werden die Grundüberlegungen der NWT (3.2.2.1.) sowie ihre beiden Grundzweige (3.2.2.2. und 3.2.2.3.) beschrieben. Eine kurze Darstellung der formalen Modelltypen findet sich in Anhang 2. In 3.2.2.4. werden die Implikationen

---

[28] *Krugman* (1991c, 54; 1996b, 10) ist sich der Problematik dieser selektiven Auswahl durchaus bewußt. S.a. *Henderson* (1996, 31): „There is a reality issue here of what is important in modern metropolitan areas".

[29] Allerdings kann ein weiteres Modell von *Brezis* und *Krugman* (1993) einen natürlichen Zyklus von Aufstieg und Niedergang einer Stadt erklären. Da dieses sog. Leapfrogging-Modell aber auf technologischem Wandel beruht, ist es eher den NWT-Modellen zuzuordnen (s. 3.2.2.4.).

dieser neuen Theorie für das Verständnis der Entstehung von Agglomerationen entwickelt.[30]

3.2.1. Die „alte" Wachstumstheorie und regionalökonomische Erweiterungen

Als „alte" Wachstumstheorie wird hier das neoklassische Wachstumsmodell von *Solow* (1956) verstanden, auf dem die NWT aufbaut. Ausgehend von einer makroökonomischen *Cobb-Douglas*-Produktionsfunktion, d.h. konstanten Skalenerträgen und sinkenden Grenzerträgen der betrachteten Produktionsfaktoren Arbeit und Kapital, thematisiert das Modell in erster Linie Kapitalakkumulation als Ursache wirtschaftlichen Wachstums. Auf dem langfristigen Pfad gleichgewichtigen Wachstums (dem „**Steady State**") wächst das Sozialprodukt mit der gleichen Rate wie die „effektive Arbeit", d.h. mit der Summe der Wachstumsraten von Arbeit und technischem Fortschritt (Effektivitätswachstum). Da diese beiden Werte aber als modellexogen gegeben betrachtet werden, ist die „alte" Theorie letztlich „gar keine Theorie des langfristigen Wachstums" (*Bröcker* 1994, 35). Technischer Fortschritt fällt „wie Manna vom Himmel" und macht den Faktor Arbeit immer produktiver, während die Kapitalakkumulation dem dadurch bestimmten Wachstumspfad folgt.

Geht man zunächst (dem ursprünglichen Modell entsprechend) von einer geschlossenen Volkswirtschaft (Raumeinheit, Region) aus, die also durch Akkumulation allein aus eigenen Ersparnisquellen wächst, dann erlaubt das Modell folgende Aussagen über den Übergangsprozeß zum Steady State: (i) Bei gleichen exogenen Daten (technischer Fortschritt, Wachstum der Arbeit) in zwei Regionen wächst diejenige Region schneller, die (nach unten) weiter von ihrem Steady State entfernt ist. (ii) Unterschiede in der regionalen Sparbereitschaft und in der Effizienz der regionalen Produktion beeinflussen im Steady State nur das *Niveau* des Pro-Kopf-Einkommens einer Region, nicht aber sein *Wachstum*. Lediglich im Übergangsprozeß haben die beiden Größen Einfluß auf die Wachstumsrate. Bei gleicher exogener Rate des technischen Fortschritts wachsen Regionen also im Steady State gleich schnell; es kann nicht zur Agglomeration der Wirtschaftstätigkeit in einer Region kommen. Im Anpassungsprozeß an ein solches Gleichgewicht kommt es aufgrund der abnehmenden Grenzproduktivität des akkumulierbaren Faktors Kapital zu einer temporären **Konvergenz** der regionalen Pro-Kopf-Einkommen. In der Welt des *Solow*-Modells gibt es also keine endogenen Kräfte, die eine räumliche Verdichtung der Wirtschaftstätigkeit erklären könnten.

Betrachtet man nun offene Regionen, dann müssen Interaktionen zwischen den Regionen zugelassen werden, sowohl durch Faktorwanderungen als auch durch Güterhandel. Dies wird von den neoklassischen regionalen Wachstumstheorien untersucht. *Borts* und *Stein* (1964) haben in ihrem um Faktormobilität erweiterten *Solow*-Modell gezeigt, daß die Konvergenzaussage durch Faktorwanderungen noch verstärkt wird und auch bei

---

[30] Zu den verschiedenen im folgenden Kapitel behandelten wachstumstheoretischen Modellen siehe: *Barro* und *Sala-i-Martin* (1995); *Maußner* und *Klump* (1996); *Bretschger* (1996); *Bode* (1996); *Grossman* und *Helpman* (1991).

sich in den Parametern unterscheidenden Regionen gilt: Die mobilen Faktoren wandern dorthin, wo sie relativ knapp sind, da sie dort am höchsten entlohnt werden (Faktorproportionenausgleichstheorem). Bei freiem Güterhandel schließlich gleichen sich die Faktorpreise auch ohne Ausgleich der Faktorproportionen an, weil sich die Regionen auf die Produktion derjenigen Güter spezialisieren, die den bei ihnen relativ reichlich vorhandenen Faktor relativ intensiv nutzen (Faktorpreisausgleichstheorem).[31]

3.2.2. Die Neue Wachstumstheorie

Die Tatsache, daß im „alten" neoklassischen Wachstumsmodell langfristiges Wachstum nur modellexogen erklärt werden kann, hat zur Entwicklung der NWT geführt (*Romer* 1994, 3). Die Annahme, daß sich technischer Fortschritt auch ohne jeglichen Faktoreinsatz einstellt, wird zugunsten einer modellendogenen Erklärung des **technischen Fortschritts** aufgehoben. Damit wird langfristig andauerndes Wachstum ein endogenes Ergebnis der Modelle (s. *Grossman* und *Helpman* 1991, 336). Die NWT übernimmt den Modellrahmen der neoklassischen Theorie und läßt einige wesentliche Elemente unverändert (z.B. die Annahmen eines allgemeinen Gleichgewichts mit optimierenden Agenten, jederzeit geräumter Märkte und vollkommener Voraussicht). Als neue Elemente werden insbesondere externe Effekte (vor allem von Forschung und Entwicklung (F&E)) und monopolistische Märkte eingeführt.[32]

3.2.2.1. Das AK-Modell: Die Grundüberlegung der Neuen Wachstumstheorie

Die Modelle der NWT zeichnen sich dadurch aus, daß (bei technischem Fortschritt) die Grenzerträge der akkumulierbaren Faktoren nicht abnehmen (*Barro* und *Sala-i-Martin* 1995, 39). Damit wird **andauerndes Wachstum** möglich. Die einfachste Modellierung dieser Überlegung besteht darin, als einzigen Produktionsfaktor einen akkumulierbaren Faktor (z.B. K für Kapital i.w.S., also Sach- plus Humankapital) anzunehmen, der in der Produktionsfunktion proportional zum Sozialprodukt (Y) ist: $Y = AK$ (A = Konstante). In einem solchen „AK-Modell" wächst das Sozialprodukt im Gleichgewicht

---

[31] *Siebert* (1970) und *Richardson* (1973) bauen das neoklassische Modell zur Betrachtung regionalökonomischer Fragen noch weiter aus. So betrachtet *Siebert* (1970, III) zusätzlich vor allem technisches Wissen und untersucht die Möglichkeit von Wachstumsdifferenzen zwischen Regionen. *Richardson* (1973, vii) hebt insbesondere die Annahme konstanter Skalenerträge auf, betont Agglomerationseffekte und zeigt, daß sich so eine steigende räumliche Disparität im Entwicklungsprozeß ergeben kann. Damit befinden sich aber beide Ansätze schon weit außerhalb der „alten" Wachstumstheorie. Sie können gewissermaßen als Vorläufer der NWT angesehen werden, da beide z.B. schon die räumliche Diffusion von Innovationen betrachten.

[32] Der NWT wird vorgeworfen, sie verkaufe „alten Wein in neuen Schläuchen" (vgl. z.B. *Cheshire* und *Carbonaro* 1995, 2). Der besondere Verdienst der NWT dürfte aber darin zu finden sein, daß sie „viele der bisher weitgehend unverbunden nebeneinanderstehenden und zum Teil partialanalytischen Ansätze in einem einheitlichen, formal-theoretischen Rahmen [...] zusammengefaßt" (*Bode* 1996, 6) hat.

(Steady State) genauso schnell wie der akkumulierbare Faktor K.[33] Die Wachstumsrate hängt in einem solchen Modell neben der Effizienz (ausgedrückt durch A) auch von der Sparbereitschaft der Bevölkerung ab. Es gibt **keine Konvergenztendenz**, da Ausgangsniveau und Wachstumsrate nicht systematisch zusammenhängen. (Geschlossene) Regionen mit gleicher Effizienz und gleicher Sparbereitschaft wachsen gleich schnell - unabhängig davon, wie hoch ihre anfänglichen Niveaus sind. Nimmt man gar an, daß der akkumulierbare Faktor K steigende Skalenerträge hat (z.B. $Y = AK^2$), kommt es sogar zu einer Divergenz zwischen zwei Regionen, die sich nur in ihrem Kapitalbestand unterscheiden.[34]

Wird diese einfachste Makroversion der NWT-Modelle mit einer Mikrofundierung - d.h. einer Vorstellung über Verhalten und Zusammenhänge auf der Ebene der Wirtschaftssubjekte - unterlegt, dann resultieren die nicht abnehmenden Grenzerträge der akkumulierbaren Faktoren immer (explizit oder implizit) aus positiven externen Effekten (s. *Bode* 1996, 18). Diese sind dabei - im Gegensatz zu den NEG-Modellen - technologischer Art. Es lassen sich zwei Arten der Mikrofundierung der NWT-Modelle unterscheiden:[35] In den (älteren) „Externalitätenmodellen" wird angenommen, daß Investition oder Produktion unbeabsichtigt und quasi als Kuppelprodukt einen positiven externen Effekt für die Gesamtwirtschaft mit sich bringt. Demgegenüber entsteht in den (jüngeren) „Innovationsmodellen" der technische Fortschritt aufgrund von zielgerichtetem Ressourceneinsatz privater Agenten, die in F&E investieren, da sie sich dadurch eine gewisse Monopolstellung auf dem Markt verschaffen können.

3.2.2.2. Externalitätenmodelle: Fortschritt als nicht-intendiertes Kuppelprodukt

(1) Einen ersten Weg, auf dem es - trotz fehlender Anreize - zur Erzeugung von technischem Fortschritt kommt, beschreiben die „**Learning-by-doing**"-Ansätze: Es wird angenommen, daß es allein durch Investition oder Produktion zu Lerneffekten bei den Wirtschaftssubjekten kommt, welche technischen Fortschritt verursachen. So baut *Paul Romer* (1986) sein (an Erkenntnisse von *Arrow* (1962) anknüpfendes) Modell, das die NWT begründete, auf die Annahme, daß die Schaffung von Wissen ein Nebenprodukt der Investition ist. Der Wissenszuwachs eines Individuums kommt dabei auch allen anderen Wirtschaftssubjekten zugute (Wissen als öffentliches Gut) und kann sofort von allen Unternehmen genutzt werden. Damit endogenes Wachstum entsteht, müssen die positiven externen Effekte des Lernens so stark sein, daß die einzelwirtschaftlichen Anreize zum Investieren (und damit zum Produzieren neuer Lerneffekte) im Zeitablauf nicht abnehmen. Es ergibt sich, daß das Wachstum einer Region von der absoluten Beschäftigtenzahl abhängt. Interpretiert man dies als Bevölkerungsdichte, so stellen die Lerneffekte nichts anderes als einen Verstädterungsvorteil von Agglomerationen gegen-

---

[33] *Rebelo* (1991, 502-507) hat dieses „Basic Endogenous Growth Model" als erster in dieser Form dargestellt.

[34] Es liegt also eine Situation wie in den regionalen Polarisationsmodellen (3.1.2.) vor, in der einmal vorhandene Einkommensunterschiede sich selbst verstärken.

[35] Vgl. dazu *Wagner* (1993, 55); *Arnold* (1995, 415); *Bröcker* (1994, 38f).

über peripheren Regionen dar. Es sei betont, daß es sich bei den hier betrachteten externen Effekten um dynamische handelt - im Gegensatz zu den statischen der NEG-Modelle -, da sie erst im Zeitablauf beim Lernen, also nur mit technischem Fortschritt auftreten (vgl. *Bode* 1996, 23, 39, 44).

(2) *Robert Lucas* (1988), der als zweiter Gründungsvater der NWT gilt, stellt zwei Modelle vor, die die **Akkumulation von Humankapital** als den Wachstumsmotor ansehen.[36] Das eine Modell (*Lucas* 1988, 27-35) basiert ebenfalls auf Learning-by-doing-Effekten: Produktspezifisches Humankapital wird on-the-job durch Lerneffekte akkumuliert und ermöglicht dann produktiveres Arbeiten (technischen Fortschritt) in der Zukunft. In dem anderen Modell (*Lucas* 1988, 17-27; aufbauend auf Erkenntnissen von *Uzawa* (1965)) wird Humankapital in einem expliziten weiteren Sektor produziert. Dies erhöht in der Folgezeit durch externe Effekte die Produktivität von Arbeit und Sachkapital. *Lucas* (1988, 39) macht explizit darauf aufmerksam, daß er die Agglomeration von Wirtschaftstätigkeit in Städten auf die Existenz von räumlich begrenzten positiven externen Effekten des Humankapitals zurückführt: „What can people be paying Manhattan or downtown Chicago rents *for*, if not for being near other people?"

(3) Eine weitere Möglichkeit für die Produktion des **öffentlichen Gutes** „technischer Fortschritt" trotz fehlender privater Anreize besteht darin, daß der **Staat** deren Erzeugung durch eine Steuer finanziert. Hier wird das technische Wissen als öffentliche Infrastruktur (inkl. Grundlagenforschung) aufgefaßt, die vom Staat bereitgestellt wird und die Produktivität aller Wirtschaftssubjekte erhöht. Die Implikationen gleichen denen des Learning-by-doing-Ansatzes. Bei zwei Regionen mit eigenen staatlichen Instanzen kann es zu Wachstumsdivergenzen kommen, wenn in der einen das öffentliche Gut in optimalem Umfang bereitgestellt wird, in der anderen hingegen nicht. Handelt es sich um ein zumindest bei intensiver Nutzung rivalisierendes Gut (z.B. Verkehrsinfrastruktur) und steigt die Intensität der Nutzung mit dem Grad der räumlichen Ballung der Wirtschaftstätigkeit, so wachsen Agglomerationen langsamer als periphere Regionen (negative Verstädterungseffekte).

---

[36] *Humankapital* entspricht dem in einem Menschen verkörperten Wissen, so daß sowohl das Rivalitäts- als auch das Ausschließbarkeitsprinzip gilt. Es kann *Ideen (Wissen)* produzieren, und Ideen werden benutzt, um Humankapital zu akkumulieren. Gleichwohl handelt es sich hier um konzeptionell unterschiedliche Güter: Ideen an sich sind nichtrivalisierend; der Grad ihrer Ausschließbarkeit kann variieren (die Nutzung von Computersoftware ist zumindest teilweise ausschließbar, Basisforschung weniger; s. *Romer* 1993, 71-75). Humankapital wird durch Aus- und Weiterbildung akkumuliert, Ideen durch F&E (s. *Arnold* 1995, 409).
Humankapital entspricht weitgehend *Krüsselbergs* präziserem Begriff „Humanvermögen". Während letzteres aber heterogen ist, bildet das „Humankapital" in den NWT-Modellen einen homogenen Faktor. Deshalb und weil sich der Begriff „Humankapital" („human capital") in der NWT-Literatur eingebürgert hat, wird dieser hier verwendet.

3.2.2.3. Innovationsmodelle: Fortschritt als Produkt intendierten Verhaltens

Da die Externalitätenmodelle die Annahme vollkommener Konkurrenz auf allen Märkten aufrechterhalten, können sie technischen Fortschritt aus dem Gewinnstreben privater Unternehmen nicht abbilden (*Bode* 1996, 38). Demgegenüber nehmen die Innovationsmodelle an, daß technischer Fortschritt aufgrund von zweckgerichtetem Ressourceneinsatz in **Forschung und Entwicklung** entsteht (*Grossman* und *Helpman* 1991, 74; s.a. *Romer* 1990, S71).[37] Private Unternehmen werden die Kosten des Ressourceneinsatzes nicht auf sich nehmen, wenn sie nicht erwarten, dadurch höhere Erlöse erzielen zu können. Da aber vollkommene Konkurrenz alle Gewinne durch Marktzutritte oder Imitationen sofort wegkonkurriert, muß diese Annahme in den Innovationsmodellen zumindest in einem Sektor fallengelassen werden.[38] Nimmt man an, daß Innovatoren durch exklusive Rechte an ihren Innovationen vor Imitation (zumindest partiell) geschützt werden, so kann eine **Monopolrente** entstehen, durch die der Aufwand bei der Entwicklung neuer Produkte oder Verfahren kompensiert wird (wie schon bei *Schumpeter* 1911). Bei der Formulierung dieser Modelle wird (erstmals von *Romer* 1987) wieder auf die monopolistische Konkurrenz von *Dixit* und *Stiglitz* (1977) zurückgegriffen.

Grundsätzlich betrachten die Innovationsmodelle drei Sektoren:

(i) Der *Endproduktsektor* stellt Konsumgüter unter vollkommener Konkurrenz mit Hilfe einer Vielzahl von Zwischenprodukten sowie primären Produktionsfaktoren (Arbeit, Humankapital, Sachkapital) her.

(ii) In dem *Zwischenproduktsektor* stellen kleine Monopolisten jeweils eine Variante des im Endproduktsektor eingesetzten Zwischenprodukts her. Dazu werden Blaupausen (Know-how) eingesetzt, die jeweils variantenspezifisch sind und durch ihre Ausschließbarkeit die Monopolstellung ermöglichen.

(iii) Der *F&E-Sektor* produziert (unter Ressourceneinsatz) diese Blaupausen.

Die betrachtete Wirtschaft wächst nun um so schneller, je mehr Blaupausen entwickelt und zur Produktion neuer Zwischenproduktvarianten eingesetzt werden. Es gibt zwei Spielarten dieses Innovationsmodells:

(1) Die erste Modellgruppe hebt die *Smith*schen Vorteile **zunehmender Arbeitsteilung** hervor. Ein neu entwickeltes Zwischenprodukt kann ein Produkt sein, das es zuvor noch nicht gab und das die etablierten Zwischenprodukte nicht oder nicht vollständig vom Markt verdrängt (Modelle zunehmender Arbeitsteilung/Produktvielfalt). Die Produktivität in der Herstellung von Endprodukten ist um so höher, je größer die Anzahl (Vielfalt) der in der Produktion eingesetzten Zwischenproduktvarianten ist („Love of variety"-Ansatz, vgl. 3.1.3.). Technischer Fortschritt drückt sich hier in einer Erhöhung

---

[37] Damit nehmen die Innovationsmodelle der NWT die Kritik auf, die *Oppenländer* (1988) in seiner Wachstumstheorie herausstellt, nämlich daß die Methode der Potentialdynamik (der „alten" Wachstumstheorie) zugunsten der Strukturdynamik (mit dem Innovationsprozeß als Herzstück) verworfen werden muß.

[38] So sieht *Romer* (1994, 11) das wesentlich Neue an der NWT auch nicht in der Möglichkeit, Divergenzprozesse zu erklären, sondern in dem „Passing of Perfect Competition".

dieser Vielfalt aus. Die technologischen Externalitäten des Learning-by-doing-Ansatzes werden gewissermaßen in pekuniäre Externalitäten der Produktvielfalt uminterpretiert. Zusätzlich gibt es technologische Externalitäten der Humankapitalbildung, die die Produktivität des Humankapitals bei der Produktion neuen Know-hows erhöhen. Damit erzeugt F&E in diesen Modellen sowohl einen internalisierbaren dynamischen externen Effekt (dynamische Skalenerträge im Endproduktsektor) als auch einen nicht internalisierbaren (für künftige Forschung). *Romer* (1987; 1990, S74) macht in seinen Innovationsmodellen die besondere Eigenschaft von Technologie als *teilweise ausschließbarem, nicht-rivalisierendem* Input in den Produktionsprozeß deutlich. Durch die Nichtrivalität besteht im Gleichgewicht monopolistische Konkurrenz.

(2) In Modellen, die auf dem *Schumpeter*schen Prozeß der **schöpferischen Zerstörung** beruhen, kann das neue Produkt eine qualitativ höherwertige Variante eines bestehenden konkurrierenden Zwischenprodukts sein und dieses deshalb vollständig ersetzen (*Aghion* und *Howitt* 1992; *Segerstrom, Anant* und *Dinopoulos* 1990). Bei konstanter Anzahl der Zwischenproduktvarianten wird die Bedeutung von zunehmender Qualität dieser Varianten modelliert. Zu jedem Zeitpunkt ist innerhalb des Marktsegments einer einzelnen Variante immer nur derjenige Anbieter erfolgreich, der das qualitativ hochwertigste Produkt als Monopolist anbietet. Die dem jeweils erfolgreichen Anbieter zufallende Monopolrente bietet einen Anreiz für andere Unternehmen, durch F&E-Investitionen ein qualitativ besseres Substitut zu entwickeln. Gelingt dies, so tritt dieses andere Unternehmen an die Stelle des etablierten und kommt solange in den Genuß der Monopolrente, bis es wiederum durch ein qualitativ noch höherwertigeres Produkt vom Markt verdrängt wird. Jeder Industriesektor steigt also auf einer „quality ladder" mit jedem F&E-Erfolg um eine Sprosse hinauf (*Grossman* und *Helpman* 1991, 85). In dieser Modellvariation gibt es nicht nur einen positiven externen Effekt (Wissensspillover für die zukünftigen Innovatoren), sondern auch einen negativen externen Effekt des „Business Stealing": Ein potentieller Anbieter, der in F&E investiert, kalkuliert nicht ein, daß er dem etablierten Anbieter die Monopolrente nimmt.

Die beiden Varianten schließen sich nicht gegenseitig aus; sie können vielmehr als komplementäre Beschreibungen der Realität gelten. Man kann die beiden Modellversionen auch als Produktinnovationen auf der einen und Prozeßinnovationen auf der anderen Seite interpretieren, oder als Basisinnovationen vs. inkrementale Verbesserungen (vgl. *Barro* und *Sala-i-Martin* 1995, 213).

3.2.2.4. Räumliche Wachstumsdivergenzen in offenen Regionen

Es wurde gezeigt, daß die „alte" Wachstumstheorie für den Übergangsprozeß zum Steady State eine eindeutige Konvergenzhypothese impliziert: Periphere Regionen holen gegenüber Agglomerationen auf, bis es zwischen beiden keinen Unterschied mehr gibt. Dies aber widerspricht schon Faktum ①. Welche Implikationen ergeben sich nun aus den neuen Modellen für die räumliche Agglomeration von Wirtschaftstätigkeit? Zur Beantwortung dieser Frage muß die bisherige Betrachtung geschlossener Regionen (Volkswirtschaften) aufgegeben werden, da es zwischen Agglomerationen und peripheren Gebieten, insbesondere benachbarten innerhalb eines Landes, erhebliche Austauschbeziehungen gibt (*Bode* 1996, 6). Deshalb werden im folgenden die Implikationen von (1) Wissensdiffusion, (2) Güterhandel und (3) Faktorbewegungen für die Entstehung von Agglomerationen in Modellen der NWT untersucht.

(1) Sobald technischer Fortschritt modellendogen betrachtet wird, spielt Wissen eine entscheidende Rolle. Bei Lerneffekten, Humankapital, Grundlagenforschung und erst recht bei privaten F&E-Anstrengungen geht es zentral um die Verfügbarkeit von Wissen. Dies macht Geschwindigkeit und Reichweite der **Wissensdiffusion** zu einem (wenn nicht gar *dem*) entscheidenden Baustein der räumlichen Implikationen der NWT (vgl. *Barro* und *Sala-i-Martin* 1995, 265). Die zwei extremen Annahmen hierzu lauten: „[a] sofortige und vollständige Wissensdiffusion zwischen Regionen (Wissen als globales öffentliches Gut), und [b] keine interregionale Wissensdiffusion (Wissen als lokales öffentliches Gut)" (*Bode* 1996, 7).

Da in den Modellen der NWT die Verfügbarkeit neuen Wissens zu weiteren Wachstumseffekten führt, ist es einleuchtend, daß generell **räumlich begrenzte Wissensspillovers** dazu führen, daß eine Region, die einmal einen Wissensvorsprung hat, auch in Zukunft immer schneller wächst. Die Erzeugung neuen Wissens führt zu dynamischen positiven Externalitäten, die einer innovierenden Region gegenüber einer nichtinnovierenden bleibende und kumulierende Wachstumsvorteile bringen (Agglomerationstendenz).[39] Aus der gleichen Überlegung folgt, daß bei **globalen Wissensspillovers** Agglomerationstendenzen nicht auftreten können: Wurde in einer Region neues Wissen entwickelt, so ist es sofort in den anderen Regionen verfügbar. Damit können letztere genauso schnell wachsen wie erstere, es gibt keinen Grund für räumliche Verdichtungen. Bei bestehenden Unterschieden ergibt sich eine klare Konvergenzthese wie in der „alten" Wachstumstheorie, da es ärmeren Regionen durch die Verfügbarkeit des neuen Wissens möglich ist, einen „catching-up"-Prozeß in Gang zu setzen.

Nun trifft die NWT keine Annahmen darüber, welche Reichweite Wissensspillovers haben. Diese dürfte auch zwischen verschiedenen Branchen, in Abhängigkeit von ihrer Technologie, dem Stand einer Innovation und dem institutionellen Aufbau der Branche, z.T. erheblich variieren. In einen explizit geographischen Rahmen wird die Innovationstätigkeit aber in einer Reihe von Artikeln von *Audretsch* und *Feldman* gestellt.[40] Sie zeigen, daß es zu **Clustern innovativer Tätigkeit** kommt, da komplexes, unstrukturiertes Wissen („tacit knowledge") sich nur schwer über weite räumliche Distanzen übermitteln läßt. Deshalb gilt auch bei externen Effekten des Wissens: „proximity and location matter" (*Audretsch* und *Feldman* 1996b, 630). Da Wissensspillovers also häufig auf die Region begrenzt sind, in der das neue Wissen erzeugt wurde (Faktum ⑦), dürften sie ganz besonders innerhalb von Agglomerationsräumen wirken (*Glaeser et al.* 1992,

---

[39] In den Worten der Transaktionskostenökonomik kann man sagen, „daß mit der engeren 'Tuchfühlung' der Menschen, die in rasch wachsenden Städten entsteht, die (Transaktions-) Kosten der Wissensgewinnung, der Wissensteilung und der Wissenskontrolle gesenkt [...] werden konnten." (*Schüller* 1993, 127)

[40] S. insb. *Audretsch* und *Feldman* (1995; 1996a; 1996b); *Feldman* und *Audretsch* (1996); *Feldman* und *Florida* (1994).

1127; *von Böventer* 1987, 13). Diese können durch den intensiven Wissens- und Erfahrungsaustausch zwischen Forschern einen anhaltenden Wachstumsvorsprung vor peripheren Regionen durchsetzen.[41] Somit kann die NWT die Entstehung von Agglomerationen aufgrund regional begrenzter Wissensspillovers erklären. Da damit gerechnet werden kann, daß das Wissen im Zeitablauf über weitere räumliche Distanzen diffundiert (*Bröcker* 1994, 44), entstehen auf längere Sicht aber wieder Deglomerationseffekte. So wird in sog. „Leader-Follower-Modellen" davon ausgegangen, daß eine technisch zurückstehende Region durch Imitation der in den führenden Regionen entwickelten Innovationen zu diesen aufschließen kann. Die Wissensdiffusion ist hier zwar nicht kostenlos, da zur Imitation Ressourcen eingesetzt werden müssen, aber die Imitation ist doch kostengünstiger als die Innovation (vgl. *Sala-i-Martin* und *Barro* 1995).[42]

Auch bei den dynamischen Wissensexternalitäten kann man eine Einteilung entsprechend den Kategorien Branchenagglomerations- und Verstädterungseffekte vornehmen. Nach *Jacobs* (1969) macht der interdisziplinäre Wissens- und Erfahrungsaustausch, der zu neuartigen Kombinationen von Produktionsfaktoren, Produkten und Verfahren führen kann, *intersektorale* Wissensspillovers besonders produktivitäts- und wachstumsfördernd (dynamische Verstädterungsvorteile oder 'Jacobs externalities', *Junius* 1997). Demgegenüber geht *Romer* (1986) eher von dynamischen Branchenagglomerationseffekten aus ('Marshall-Arrow-Romer externalities', *Glaeser et al.* 1992), bei denen Lerneffekte und Wissensspillovers zwischen den Unternehmen und Forschern *eines* Industriezweiges auftreten. Dies stimmt weitgehend mit der Ansicht *Porters* (1991, 178-181; 1996, 85) überein, der davon ausgeht, daß die entscheidenden Agglomerationseffekte zwischen Clustern wirken, also innerhalb einer Industriegruppe, die sich durch spezialisierte Käufer-Anbieter-Beziehungen oder verwandte Technologien auszeichnet. Auch *Porters* Agglomerationseffekte sind dynamisch und entspringen Lerneffekten und Innovationsfähigkeiten (vgl. auch *Doeringer* und *Terkla* 1996; *Enright* 1996).

(2) Die Wirkungen des interregionalen **Güterhandels** hängen ebenfalls in entscheidendem Maße von der Reichweite der Wissensdiffusion ab. Ist jede Innovation *global*, so werden die komparativen Vorteile einer Region von ihrer exogenen (natürlichen) Faktorausstattung bestimmt.[43] Humankapitalreiche Agglomerationen spezialisieren sich dann auf die relativ humankapitalintensive Innovationsproduktion. Dies begründet aber nur eine Spezialisierung der Regionen und keine Wachstumsdivergenzen zwischen ihnen - die produktivitätsfördernde Innovation ist ja überall verfügbar. Diffundiert Wissen nur *mit zeitlicher Verzögerung* interregional, so werden die exogenen durch „endogen erworbene" komparative Vorteile verstärkt: Da die positiven Externalitäten der F&E-Aktivität zunächst innerhalb einer Region größer sind als zwischen den Regionen, spezialisieren sich humankapitalreiche Agglomerationen noch stärker auf die Produktion

---

[41] Zur Bedeutung räumlich begrenzter Wissensspillovers s. *Bode* (1997); *Miracky* (1995); *Jaffe et al.* (1993).

[42] Für eine grundlegende Untersuchung der Auswirkungen von Imitation vgl. *Grossman* und *Helpman* (1991, 281-333).

[43] S. *Grossman* und *Helpman* (1991, 177-205); *Bode* (1996, 50-57); *Bröcker* (1994, 44).

neuen Know-hows und humankapitalarme periphere Regionen auf die Endproduktherstellung. Es kommt zwar zu temporären Unterschieden in der regionalen Wachstumsdynamik, nicht aber zu sich selbst verstärkenden dauerhaften Steady-State-Wachstumsunterschieden. Erst wenn die Innovationsdiffusion *auf Dauer regional begrenzt* ist, sind die komparativen Vorteile vollständig endogen und hängen von der Historie einer Region ab. Ein sich selbst verstärkender Prozeß führt dann dazu, daß sich Agglomerationen auf die wachstumsintensiven Sektoren spezialisieren und damit langfristig schneller wachsen als periphere Regionen, mit denen sie Güteraustausch betreiben.

Stadler (1995, 490) erweitert das Quality-Ladder-Modell um Raumüberwindungskosten im interregionalen Handel mit Zwischenprodukten, wodurch ebenfalls eine differenzierte Innovations- und Produktionsstruktur entstehen kann. Die Wachstumsraten hängen dann zusätzlich von den Transportkosten, der relativen Ausstattung mit immobilen Produktionsfaktoren und der historischen Verteilung mobiler Firmen ab.

(3) **Faktorbewegungen** lassen sich in der vorliegenden Betrachtung kurz behandeln, da sie generell die durch andere Mechanismen hervorgerufenen Tendenzen verstärken (*Bröcker* 1994, 45). Ergibt sich also ohne Faktormobilität eine Konvergenztendenz, so wird sie nun verstärkt; ergibt sich eine Divergenztendenz, wird auch diese verstärkt.

Zusammenfassend wird deutlich, „daß die neue Wachstumstheorie keineswegs ausschließlich Konzentrationsprozesse, sondern ebensogut Dekonzentrationsprozesse erklären kann" (*Bode* 1996, 6). Sie stellt heraus, unter welchen Bedingungen Agglomerations- bzw. Deglomerationstendenzen entstehen. Dabei schließt sie die Implikationen der „alten" Wachstumstheorie als einen Spezialfall bestimmter Bedingungen mit ein, bietet aber zusätzlich Hypothesen über die Ursachen des technischen Fortschritts als wesentlicher Determinante wirtschaftlichen Wachstums. Sie gibt damit eine Basis für die Existenz der stilisierten Fakten ① bis ⑥. Indem sie die Bedeutung der räumlichen Reichweite von Wissensexternalitäten betont, ermöglicht sie auch eine Beachtung der Fakten ⑦ und ⑧. Ein expliziter Aufstieg und Niedergang von Agglomerationen (Faktum ③) läßt sich mit ihr allerdings nicht ableiten.

Von den unter 2.1. genannten raumstrukturbestimmenden Faktoren hebt die NWT eindeutig positive dynamische technologische Externalitäten hervor und vernachlässigt die anderen. Damit gibt sie, zusammen mit den NEG-Modellen, die ja insbesondere statische pekuniäre Externalitäten modellieren, den Ideen der Polarisationsmodelle eine formale und mikrofundierte Basis.[44] Gleichzeitig zeigt sie aber auch auf, daß kumulative Prozesse keineswegs allgegenwärtig und zwangsläufig stattfinden, sondern nur unter bestimmten, sich in der Realität verändernden Bedingungen (z.B. kurzfristig lokal gebundenes neues Wissen vs. langfristige Wissensdiffusion).

Abschließend sei noch das sog. „**Leapfrogging-Modell**" von *Brezis* und *Krugman* (1993) angeführt, das Elemente der NWT mit Elementen der NEG-Modelle verbindet und regionale Auf- und Überholprozesse erklären kann (entsprechend Faktum ③). Das

---

[44] *Wulwick* (1992, 36, 43) macht darauf aufmerksam, daß *Kaldor*s Wachstumsmodell (vgl. 3.1.2.) als Vorgänger der Wachstumsmodelle der NWT angesehen werden kann.

Wachstum einer Agglomeration wird hier mit lokalen Lerneffekten (inkrementale Wissenszuwächse, Verfahrensinnovationen) erklärt. Wird eine ganz neue Technologie (gelegentlicher technologischer Durchbruch, Produktinnovation) entwickelt, für die das in einer älteren Agglomeration akkumulierte Wissen irrelevant ist, so bleibt diese Region bei der alten, mit der sie effizienter arbeiten kann. Neue Agglomerationen wenden die neue Technologie hingegen an, da sie aufgrund mangelnder Lerneffekte in der alten nicht so effizient sind. Obwohl sich die neue Technologie zunächst in einem recht rohen Zustand befindet, sind die neuen Agglomerationen aufgrund ihrer niedrigeren Bodenpreise und Lohnkosten wettbewerbsfähig. Wird die neue Technologie dann mit der Zeit durch lokale Lerneffekte vervollkommnet, können die neuen Agglomerationen die alten überholen. So entsteht ein „natural life cycle of urban rise and decline" (*Brezis* und *Krugman* 1993, 1).

3.3. Die Sicht der Ordnungstheorie

In den bisherigen Ansätzen wurde von der institutionellen Ebene des Wirtschaftens abstrahiert. Aber gerade die Nutzung der von der NWT betonten Wissensspillovers wird entscheidend vom institutionellen Rahmen bestimmt.[45] In dem Maße, in dem es Institutionen ermöglichen, Wissen lokal nutzbar zu machen, wirken sie raumstrukturierend (vgl. 2.1.(4)).[46] Damit ist die Entstehung räumlicher Verdichtungen der Wirtschaftstätigkeit auch ordnungsbedingt. Zum einen bilden sich im wettbewerblichen Prozeß spontan *innere* Institutionen, die der Internalisierung externer Effekte dienen (3.3.1.). Zum anderen bestimmen räumliche Unterschiede zwischen *äußeren* Institutionen, die den Ordnungsrahmen und damit die handlungsrechtliche Grundstruktur eines Wirtschaftsraumes vorgeben, die Verteilung der mobilen Produktionsfaktoren im Raum (3.3.2.).[47] Da die Faktormobilität zwischen Regionen relativ hoch ist, kommt es zu einem Wettbewerb zwischen ihren äußeren Institutionen um die mobilen Faktoren, der damit entscheidenden Einfluß auf Agglomerations- und Deglomerationstendenzen hat (3.3.3.).

---

[45] Diese Erkenntnis ist auch der NWT nicht fremd: *Romer* (1994, 21) stellt folgende „most important policy question about growth: [...] what are the best *institutional arrangements* for gaining access to the knowledge that already exists [... and] for encouraging the production and use of new knowledge?"

[46] Vgl. hierzu die an nationalen Wirtschaftsgebieten aufgehängte Kritik *Olsons* (1993; 1996, 19) an der (alten und) Neuen Wachstumstheorie: Die großen zu verzeichnenden Einkommensunterschiede zwischen Ländern seien mit beiden Ansätzen nicht zu erklären, sondern nur durch Unterschiede in der Qualität der Institutionen und der Wirtschaftspolitik. Der folgende Abschnitt zeigt, daß dies bis zu einem gewissen Grade genauso für Regionen gilt. - Vgl.a. *North* (1989), der die Bedeutung der Institutionen für das Wachstum einer Wirtschaft darstellt, und *Klump* (1995, 139), der institutionelle Arrangements und Property-Rights-Systeme als Entwicklungsursachen in einem neoklassischen Wachstumsmodell modelliert.

[47] Zur Unterscheidung von äußeren und inneren Institutionen vgl. *Lachmann* (1963) und *Schüller* (1986).

3.3.1. Innere Institutionen zur Internalisierung externer Effekte

Weder und *Grubel* (1993) argumentieren, daß die von der NWT betonten, mit F&E verbundenen Externalitäten entsprechend der von *Coase* (1937; 1960) entwickelten Prinzipien das Entstehen privater Institutionen induzieren werden, die diese internalisieren können. Insofern diese Wissensexternalitäten räumlich begrenzt sind (vgl. 3.2.2.4.), müssen die **sich spontan bildenden Institutionen** auch räumlich konzentriert sein: Räumlich verdichtete Wirtschaftstätigkeit entsteht. Solche Institutionen stellen neben Industrieverbänden (inkl. gemeinsam finanzierter Forschungs- und Ausbildungsinstitutionen) und verschiedenen Formen von Unternehmensstrukturen (z.B. Lizenzvereinbarungen und Joint Ventures) auch die für den vorliegenden Untersuchungsgegenstand bedeutsamen regionalen Industriecluster dar (*Weder* und *Grubel* 1993, 493-497; *Grubel* 1992, 17 f.). *Porter* (1991) macht am Beispiel verschiedener regional agglomerierter Industrien (stilisiertes Faktum ⑤) darauf aufmerksam, daß Zulieferfirmen den Abnehmern dabei helfen können, neue Anwendungen für von ihnen geschaffene Technologien zu entwickeln. Gleichzeitig zwingen hohe Standards der Abnehmer die Zulieferer zu Innovationen und hoher Qualität. Kurze Kommunikationswege und räumliche Nähe zwischen Unternehmen miteinander verbundener Branchen können damit den Wissensaustausch in Produktion, Vermarktung und F&E erleichtern. Regionale Cluster nutzen diese durch räumliche Nähe erzeugten „economies of communication and travel" (*Weder* und *Grubel* 1993, 504).[48]

Da ein gehöriger Teil der positiven Wissensexternalitäten durch diese inneren Institutionen internalisiert wird, steht auch die - z.T. auf Erkenntnissen der NWT - erhobene Forderung nach staatlicher Subventionierung von F&E-Aktivitäten „auf dünnem Eis" (*Grubel* 1992, 17). Allerdings entsteht durch die Bildung der beschriebenen inneren Institutionen ein anderes Problem: Neben dem positiven Aspekt der Internalisierung von Wissensexternalitäten kann es leicht zu Rent-Seeking-Aktivitäten kommen. Die sich bildenden Industriecluster können zu Horten redistributionsfordernder Interessengruppen und „Frühstückskartellen" werden, die zur Verkrustung des Wirtschaftssystems beitragen (s. 3.3.2.(3)).

3.3.2. Äußere Institutionen als raumstrukturbestimmende Faktoren

(1) Die von privaten Akteuren betriebene spontane Institutionenbildung findet in dem durch äußere Institutionen gesetzten Handlungsrahmen einer Ökonomie statt. Zum einen kann dieser Ordnungsrahmen die spontane Bildung von inneren Institutionen erleichtern. Zum anderen kann es angebracht sein, eine kostspielige und langwierige spontane (evolutionäre) Ordnungsbildung durch eine billigere und schnellere Ordnungsgebung zu ersetzen.

---

[48] Auch innere Institutionen, die in anderen Ursachen als den Wissensexternalitäten gründen, können einen Einfluß auf die räumliche Struktur der Wirtschaftstätigkeit haben, soweit sie räumlich begrenzt auftreten. Insofern kann die hier beschriebene Art innerer Institutionen als beispielhaft angesehen werden.

Zu den äußeren Institutionen zählen Institutionen des Rechtsschutzstaates und des Leistungsstaates (*Schüller* 1986, 35-43). Je nach effektiver räumlicher Reichweite hat der **Rechtsschutzstaat** entscheidenden Einfluß auf die Standortentscheidungen der Wirtschaftssubjekte: „Der Geltungsbereich des Rechtsschutzes, vor allem hinsichtlich des Eigentums, ist identisch mit den Zentren oder Regionen lohnender wirtschaftlicher Aktivitäten" (*Schüller* 1993, 129).[49] Insofern sind Agglomerationen Räume gesicherten Rechts; Ihre Entstehung ist ordnungsbedingt. So ergibt sich eine weitere Erklärung für Faktum ①. Das Angebot des lokalen öffentlichen Gutes „Markt" durch eine Regierung besteht in geschützten Rechtsregeln, geschütztem Eigentum und gesicherten Verträgen (*Neumann* 1991, 326 f.).

Auch verschiedene Institutionen des **Leistungsstaates** können erheblichen Einfluß auf die räumliche Verteilung der Wirtschaftstätigkeit haben. Gemäß der weiter oben betonten Bedeutung des Wissens für das Wachstum einer Region kann ein öffentliches Angebot an Einrichtungen der Erziehung und der Bildung die Standortentscheidungen von Wirtschaftssubjekten und das Wachstumspotential von Regionen beeinflussen. Ein öffentliches Angebot von verkehrstechnischer Infrastruktur (Straßen, Bahnlinien, Flughäfen, öffentlicher Nahverkehr) kann die wirtschaftliche Erschließung abgelegener Regionen oftmals überhaupt erst ermöglichen.

(2) Aufgrund der raumdifferenzierenden Auswirkungen der Institutionen des Rechtsschutz- und Leistungsstaates kommt der **Zentralität der Entscheidungen** an sich schon eine große Bedeutung für die Agglomerationsentstehung zu. Liegt eine zentralistische Staats- und Wirtschaftsgesinnung vor, so ergibt sich eine Verdichtung der Wirtschaftstätigkeit im Entscheidungszentrum zwangsläufig (vgl.a. die Zentrale-Orte-Theorie, 3.1.1.2.).[50] In einer Zentralverwaltungswirtschaft „wird die Bildung von Verdichtungsräumen zu einer Angelegenheit der zentralen Wissensplanung, -lenkung und -verwaltung" (*Schüller* 1993, 127). Aus politischen und organisatorischen Gründen kommt es nicht nur zu einer allgemeinen Agglomeration der Industrie,[51] sondern darüber hinaus zu einer extremen Spezialisierung ganzer Städte oder Regionen mit der Folge industrieller Monostrukturen. Ist der Staatsaufbau hingegen föderativ, so entsteht mit der Dezen-

---

[49] Fallbeispiele für mit dem Abstand vom Zentrum des Rechtsschutzstaates abnehmende Intensität der Wirtschaftstätigkeit waren etwa das Zonenrandgebiet in Deutschland oder der süditalienische Mezzogiorno. *De Long* und *Shleifer* (1993) zeigen am historischen Wachstum europäischer Städte, daß sich Wirtschaftstätigkeit in Städten mit höherer Eigentumssicherheit schneller ansammelt. *Knack* (1996) zeigt in einer Konvergenzuntersuchung, daß Institutionen wie die Sicherung von Property Rights und Verträgen die entscheidende Bedingung dafür sind, daß periphere Gebiete zusätzliche Wirtschaftstätigkeit agglomerieren.

[50] Während zentralistische Staaten wie Frankreich oder Großbritannien eine starke Konzentration der Wirtschaftstätigkeit in ihren Hauptstädten Paris und London aufweisen, gibt es in den föderativen Staaten USA und Deutschland eine wesentlich größere Vielfalt unterschiedlich verdichteter Wirtschaftsräume (man denke in Deutschland an Hamburg, das Ruhrgebiet, Köln, Berlin, Frankfurt, Stuttgart und München).

[51] *Ades* und *Glaeser* (1995, 224) zeigen, daß übermäßige städtische Konzentration entscheidend durch politische Faktoren wie diktatorischem Staatsaufbau und politischer Instabilität positiv beeinflußt wird.

tralisierung staatlicher Entscheidungen eine größere Vielfalt an Agglomerationen und nicht ein einzelnes beherrschendes Zentrum.

(3) *Olson* (1982) zeigt, daß die zunehmende **institutionelle Verkrustung** einer Nation zu ihrem wirtschaftlichen Abstieg führt. Die Herausbildung von Interessengruppen lenkt die Anstrengungen der Akteure von wirtschaftlich kreativem Handeln zu Redistributionsforderungen (Rent Seeking) um.[52] Solche institutionellen Rigiditäten schränken (auch) den räumlichen Wandel ein. Je mehr eine Region von stagnierenden und rückläufigen Markttendenzen dominiert wird, desto mehr wird der notwendige Wandel hin zu aufstrebenden Wirtschaftszweigen behindert, so daß diese sich in anderen Regionen ansiedeln. Einmal entstandene Agglomerationen werden deshalb im Laufe der Zeit stagnieren oder sich gar zurückbilden und von neuen Agglomerationen, die zuvor (relativ) wenig Wirtschaftstätigkeit aufwiesen, aber für neue Technologien offen sind, abgelöst: eine institutionelle Erklärung des Agglomerations-Lebenszyklus (Faktum ③).

Hierin liegt ein schwerwiegendes Problem der unter 3.3.1. behandelten inneren Institutionen: Wenn sich aufgrund von Wissensspillovers Interessengruppen bilden, wächst die Gefahr, daß bei eintretender Stagnation der Branche Redistributionsanstrengungen auftreten. Darum werden äußere Institutionen benötigt, die den Subventions- und Regulierungsforderungen der Interessengruppen widerstehen. Eine Möglichkeit hierzu besteht in der **konstitutionellen Beschränkung** der (regionalen) Regierungen, diese Renten überhaupt zu erzeugen (vgl. *Weder* und *Grubel* 1993, 509 f.). Eine weitere Möglichkeit besteht im Wettbewerb zwischen den äußeren Institutionen einer Hierarchieebene.

3.3.3. Systemwettbewerb zwischen den äußeren Institutionen

Stefan Sinn (1992, 177) weist nach, daß internationale Offenheit die Ausbreitungstendenzen des staatlichen Sektors eindämmen kann. Zunehmende Offenheit (Globalisierung) zwischen Jurisdiktionen, die *Sinn* insbesondere in der Kapitalmobilität sieht, führt zu einem Wettbewerb zwischen den Regierungen. Dieser Ansatz hat einerseits insofern auf interregionaler Ebene eine noch größere Relevanz als auf internationaler, als die regionale Mobilität der Produktionsfaktoren, des Wissens und der Güter größer ist als die nationale und deshalb größere Konkurrenz um mobile Faktoren herrscht. Andererseits ist der institutionelle Wettbewerb zwischen Regionen insoweit beschränkt, als zahlreiche äußere Institutionen zentral und einheitlich für alle Regionen eines Landes festgelegt sind (vgl. 3.3.2.(2)).[53]

Die Grundidee des institutionellen Wettbewerbs besteht darin, daß „differences of institutional arrangements may lead to the attraction or evasion of mobile factors of pro-

---

[52] *Pecorino* (1992, 953) zeigt in einem NWT-Modell mit Humankapitalakkumulation (s. 3.2.2.2.(2)), daß Rent-Seeking-Aktivitäten (zusätzlich zu den statischen Verlusten) negative Wachstumseffekte haben. Zu ähnlichen Ergebnissen kommt *Rama* (1993), der sein Modell auch empirisch testet.

[53] Dies ist insbesondere bei der europäischen Integration interessant, da die Nationalstaaten zu konkurrierenden Regionen unter dem EU-Dach werden und da die Tendenz zu einem „Europa der Regionen" die Konkurrenz subnationaler Raumeinheiten ermöglicht.

duction - thereby causing a competitive relationship between agents of collective action, that is, between the suppliers of institutional arrangements" (*Wohlgemuth* 1995, 3). Gerade zwischen (offenen) Regionen besteht durch **Faktormobilität** die Möglichkeit der „Abstimmung mit den Füßen" (vgl. *Tiebout* 1956), die auch die Tendenz zur Entstehung von Rigiditäten verhindern kann. Ist etwa das Wirtschaftsklima in einer Region durch verkrustete, rentensuchende Interessengruppen bestimmt, so ziehen innovative Unternehmen eben in andere Regionen, die Institutionen zu ihrem Vorteil aufweisen.

Vanberg und *Kerber* (1994, 216) betonen, daß institutioneller Wettbewerb ähnlich dem marktlichen Wettbewerb als **wissensgenerierender Entdeckungsprozeß** angesehen werden sollte. Durch das Vorhandensein verschiedener institutioneller Arrangements und den Wettbewerb zwischen ihnen wird es überhaupt erst möglich, in einer Welt dezentral vorhandenen Wissens so etwas wie ein Optimum der Institutionen zu erhalten. Durch die Möglichkeit des „Abstimmens mit den Füßen" wird der Wettbewerb der Standorte zu einem Entdeckungsverfahren im *Hayek*schen Sinne (*von Hayek* 1969). Darum führt eine Dezentralisierung der Verantwortlichkeit auf die regionale Ebene zu einem breiteren Institutionenwettbewerb, der zur Entdeckung besserer Institutionen führen kann (*Vanberg* und *Kerber* 1994, 206; s.a. *Vihanto* 1992, 415). Insoweit verkrustete Regionen in diesem Wettbewerb unterliegen, ziehen Regionen mit besseren Institutionen weitere mobile Faktoren an und werden damit zu Agglomerationen.

Aber auch im Wettbewerb zwischen Institutionen muß es entsprechende Regeln auf einer höheren Ebene geben („(meta-) institutional framework" (*Wohlgemuth* 1995, 15)), die wie der Rechtsschutzstaat im Wettbewerb zwischen privaten Akteuren dafür sorgen, daß der Wettbewerb zum Wohle aller stattfindet. Gerade darin liegt die Bedeutung des föderalistischen Staatsaufbaus: „in its role for providing a framework for competition, or a 'Wettbewerbsordnung', among its member-states" (*Vanberg* und *Kerber* 1994, 216).

Insgesamt zeigt die Gegenüberstellung der bislang dargestellten Theorien über raumstrukturbestimmenden Faktoren mit den stilisierten Fakten der räumlichen Agglomerationsentwicklung (vgl. Tabelle 2), daß keines dieser Modelle allein eine zufriedenstellende Erklärung der Entstehung von Agglomerationsräumen liefern kann. Ihre monokausalen Erklärungsansätze mit der jeweiligen Abstraktion von verschiedenen wichtigen raumstrukturbestimmenden Faktoren sind unrealistisch.[54] Es wird eine Theorie benötigt, die die Erklärungsbeiträge der einzelnen Theorien zusammenführt und ihre Bedeutung im räumlichen Entwicklungsprozeß relativiert.

---

[54] Zur Kritik der Monokausalität vgl. *Olson* (1982, 14-16). - Vgl. *Krieger-Boden*s (1995a, 46) Fazit zur traditionellen Regionaltheorie: „Viele Ansätze bilden nur einzelne Wirkungszusammenhänge ab und erklären sie isoliert." Das dürfte für die neuen Ansätze noch stärker gelten, da sie sich zur Formalisierung auf wenige Faktoren beschränken (vgl. *Krieger-Boden* 1995a, 75-78). Entsprechend *Rüter*s (1987, 43) Resümee der Raumwirtschaftstheorien: Sie enthalten „eine Reihe brauchbarer Ansätze, die isoliert und ohne umfassendes Rahmenkonzept jedoch nur wenig zur Erhellung regionalökonomischer Probleme beitragen können."

3.4. Die dynamische Markttheorie als zusammenführende Perspektive

3.4.1. Die räumliche Verteilung der Wirtschaftstätigkeit aus der Sicht eines Marktes

3.4.1.1. Die dynamische Markttheorie

Um die verschiedenen bisher behandelten Theoriebausteine zu integrieren, bietet sich die dynamische Markttheorie an. Durch sie ist es möglich zu erkennen, wann und wo welche raumstrukturbestimmenden Kräfte besonders stark wirken und welche Struktur daraus entsteht. Die dynamische Markttheorie erklärt die Veränderung des Marktes für ein Produkt bzw. eine Branche in der Zeit. Entsprechende Marktphasenschemata stammen etwa von *Heuß* (1965), *Vernon* (1966) und *Krüsselberg* (1969).[55] Hier soll nun die räumliche Dimension in diese Markttheorie integriert werden. Es soll deutlich werden, daß „regionale ökonomische Entwicklungen sich immer über Märkte vollziehen und sich somit in Marktprozessen manifestieren, die durch private, unternehmerische Initiative zustandekommen" (*Rüter* 1987, 374). Deshalb kann ein dynamisches Bild der räumlichen Struktur der Wirtschaftslandschaft auch nur über eine Markttheorie erreicht werden (vgl. *Oberender* 1988, 5-8).[56]

Die *Heuß*sche **Markttheorie** unterscheidet vier Entwicklungsphasen eines Marktes bzw. Wirtschaftszweiges (vgl. Abbildung 9): (1) In der *Experimentierphase* werden neue Produkte von initiativen Pionierunternehmern geschaffen und zur Marktreife entwickelt. Es bedarf vieler Innovationen im Bereich der Produktgestaltung, und es besteht große Ungewißheit über den Markterfolg. Obwohl die Quasi-Monopolstellung des innovativen Unternehmens die Durchsetzung hoher Preise ermöglicht, entstehen in dieser Phase aufgrund der geringen Absatzmenge in der Regel noch Verluste. (2) In der *Expansionsphase* setzt dann eine stürmische Entwicklung ein, bei der auch spontan imitierende Unternehmer in den Markt eintreten. Innovationen treten nun eher im Prozeßbereich auf. Es kommt zu stark wachsenden Erlösen und hohen Gewinnen. (3) In der *Ausreifungsphase* verlangsamt sich die Ausdehnung des Marktes. Ausgereifte Produkte und standardisierte Produktionsverfahren ermöglichen die Massenproduktion. Der dominierende Unternehmertyp ist zunehmend der unter Druck reagierende konservative Unternehmer. (4) Die *Stagnations- und Rückbildungsphase* ist mit einer Sättigung des Mark-

---

[55] Die vorliegende Untersuchung folgt weitgehend dem *Heuß*schen Vier-Phasen-Schema mit seiner ausführlichen theoretischen Fundierung. *Krüsselbergs* Drei-Phasen-Schema stellt eine profittheoretische Betrachtung dar und wird unter diesem Gesichtspunkt gezielt behandelt (s.u., 3.4.1.3.). *Vernons* dreiphasiger „product cycle" hat zwar explizit eine räumliche Komponente, allerdings nur in Bezug auf die Verteilung und Verlagerung der Produktion zwischen Industrie- und Entwicklungsländern. Seine Überlegungen, die nicht direkt auf die Ebene eines Marktes abheben, fließen hier in die *Heuß*sche Darstellung ein.

[56] Zum Marktgebiet als ökonomische Raumgröße vgl. *Heuß* (1955, 13; allg. 13-21): „Es sind nicht politische oder geographische Einheiten wie Staaten, Länder etc., sondern es ist die ökonomische Kategorie Markt, Marktgebiet, welche den Rahmen für den Wirtschaftsprozeß bildet."

tes verbunden und durch immobile konservative Unternehmer gekennzeichnet. Mit dem Auftreten besserer Substitutionsprodukte, die das alte Erzeugnis nach und nach verdrängen (*Schumpeter*s (1950, 134-142) „schöpferische Zerstörung"), kann es zu einer absoluten Schrumpfung des Marktes kommen.

Abbildung 9: Die Entwicklungsphasen eines Marktes nach *Heuß*

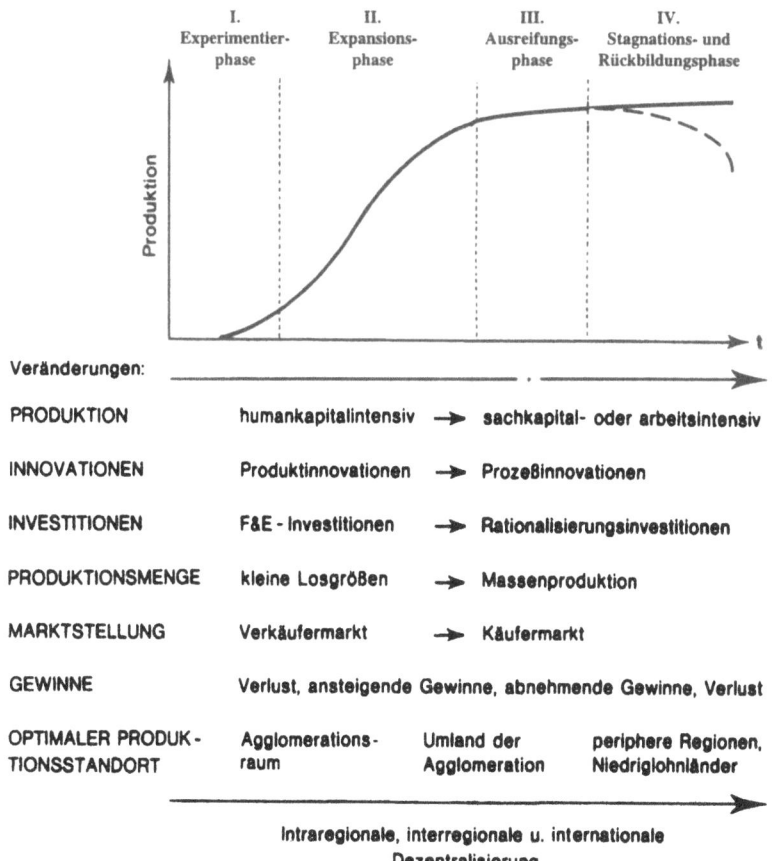

Quelle: In Anlehnung an *Heuß* (1965, 15, Abbildung 1) abgeänderte Darstellung *Schätzl*s (1996, 195, Abbildung 2.38).

Es sei darauf hingewiesen, daß es sich bei solchen Darstellungen der Marktphasen um reine „Voraussagen der allgemeinen Struktur" („pattern predictions", *von Hayek* 1975, 15) handelt und auch nur handeln kann, da es hier um Tatbestände „organisierter Komplexität" geht. Damit handelt es sich um *stilisierte* Zyklen, die ein allgemein zu beobachtendes Grundmuster beschreiben, allerdings im Einzelfall hinsichtlich einzelner Aspekte, wie etwa der Dauer einzelner Phasen, durchaus Unterschiede aufweisen können.

3.4.1.2. Räumliche Wirtschaftsallokation in den einzelnen Marktphasen

Aus der Sicht des einzelnen Marktes kann nun ein erster Aspekt der räumlichen Interpretation der dynamischen Markttheorie angegangen werden. Es stellt sich die Frage nach der optimalen räumlichen Allokation der Produktion im Verlaufe eines Produkt- bzw. Marktzyklus.

(1) Die zentrale Aufgabe in der **Experimentierphase** ist es, Innovationen erfolgreich auf dem Markt durchzusetzen. Dabei sind die dynamischen technologischen Externalitäten, wie sie von den Innovationsmodellen der NWT betont werden (vgl. 3.2.2.2.3.), von besonderer Bedeutung. „Innovative activity appears to be promoted by knowledge spillovers that occur within a distinct geographic region, particularly in the early stages of the industry life cycle" (*Audretsch* und *Feldman* 1995, 2).[57] Wie unter 3.2.2.4. dargestellt, dürfte gerade das in vollkommen neuen Märkten benötigte Wissen eine Form haben, die weitgehend nur durch informelle „face-to-face"-Kontakte vermittelt werden kann („tacit knowledge") und deshalb räumlich begrenzt ist.[58] Das Humankapital und die F&E-Einrichtungen, die zur Entwicklung eines neuen Produktes benötigt werden, sind vornehmlich in urban-industriellen Zentren vorhanden (*Schätzl* 1996, 197). Da auch die innere Institution des Industrieclusters, die die externen Wissenseffekte internalisiert, zumeist lokal begrenzt ist (vgl. 3.3.1.), werden neue Produkte vorwiegend im innovativen Umfeld einer Agglomeration entstehen (vgl.a. *Vernon* 1966, 192; *Fujita* und *Thisse* 1996, 341).

Dabei spielt die Ungewißheit sowohl über die benötigten Inputs als auch über die Konsumentenpräferenzen eine weitere wichtige Rolle: Bei der Verfeinerung eines neuen Produktes werden oft unvorhersehbar andere Inputs benötigt. Die Wahrscheinlichkeit, diese Inputs zu bekommen, ist in diversifizierten Agglomerationen höher. Desweiteren befindet sich dort das größte Nachfragerpotential. Zur möglichst nachfragegerechten Modifikation eines neuen Produkts besteht die Notwendigkeit ausgiebiger Kommunikation mit den potentiellen Abnehmern. Deshalb wählt ein Unternehmen in den frühen Marktphasen „a location in which communication between the market and the executives directly concerned with the new product is swift and easy, and in which a wide

---

[57] Dies entspricht der selektiven Wissens- und Innovationsdiffusion im Polarisationsmodell *Lasuén*s (3.1.2.).

[58] Das hier entscheidende „tacit knowledge" kann (im Gegensatz zu „information") nur informell vermittelt werden und verlangt direkten und wiederholten Kontakt (*Audretsch* und *Feldman* 1995, 1, 6; 1996a, 253, 256-259). - Deshalb ist auch trotz der schnellen Entwicklung in der Telekommunikationsindustrie (Internet, E-Mail, Telekonferenzen etc.) nicht damit zu rechnen, daß Agglomerationen ihre Bedeutung verlieren (s. *Gaspar* und *Glaeser* 1996, 8, 43). Zukunftsvisionen einer raumlosen Welt des Telekonferierens besäßen nur Realitätsrelevanz, wenn Telekommunikation ein perfektes Substitut für „face-to-face"-Interaktionen wäre. Dies ist aber sicherlich bei komplexen Problemen und leicht mißzuverstehenden Instruktionen nicht der Fall. Allerdings dürfte sich die in späteren Marktphasen aufgrund standardisierten Wissens zu erwartende Wissensdiffusion durch die neuen Kommunikationsmedien leichter und schneller vollziehen.

variety of potential types of input that might be needed by the production unit are easily come by" (*Vernon* 1966, 195 f.).

Die Bedeutung dieser Faktoren, die eine erfolgreiche Innovation überhaupt erst ermöglichen, sind in den frühen Phasen des Marktzyklus weit wichtiger als die Kostenelemente, so daß die relativ hohen Kosten in der Agglomeration (Mieten, Löhne etc., aber ggf. auch Transportkosten zu Nachfragern in peripheren Räumen) weniger entscheidend sind. Auch ist die Preiselastizität der Nachfrage aufgrund der hohen Produktdifferenzierung hier noch sehr niedrig (s. *Vernon* 1966, 195). Alles in allem wird deutlich, daß in der Experimentierphase die zentripetalen Kräfte weit überwiegen, die Entwicklung und Produktion eines neuen Produktes sich also überwiegend in Verdichtungsräumen ansiedeln werden (vgl. *Tichy* 1991, 29).

(2) Durch das rasche Wachstum der Märkte in der **Expansionsphase** entstehen zunehmend dynamische „Learning-by-doing"-Effekte (s. die NWT-Externalitätenmodelle, 3.2.2.2.), die sich mit steigender Produktion ergeben. Darüber hinaus werden auch die von den NEG-Modellen betonten pekuniären Externalitäten (3.1.3.) mit wachsenden Märkten immer wichtiger. Steigende Skalenerträge auf Betriebsebene führen zu einer kumulativen Verursachung, in der sich verschiedene Unternehmen gegenseitig anziehen. Damit wird ein zusätzlicher zentripetaler Faktor wirksam. Gleichzeitig setzt in dieser Phase aber auch immer mehr ein Wachstum durch Akkumulation ein, wie es die alte Wachstumstheorie betont (3.2.1.). Dies läßt wie bereits erwähnt Konvergenzkräfte entstehen, die zentrifugal wirken. Der Nettoeffekt dürfte in der Expansionsphase weiterhin zentripetal, kann aber im Einzelfall auch schon zentrifugal sein. So kann es vermehrt zur räumlichen Allokation der Produktion im Umland einer Agglomeration kommen, da die geringeren Faktorkosten die Unternehmen aus dem Agglomerationszentrum herausziehen, während die zur Übermittlung von „tacit knowledge" benötigte direkte Nähe nicht mehr so wichtig ist und Transportkosten von und zu anderen Unternehmen und Abnehmern in der Agglomeration auch im Umland noch sehr gering sind.[59]

(3) Da Produkte und Produktionsverfahren in der **Ausreifungsphase** weitgehend standardisiert sind, wird das in den Agglomerationen vorhandene Innovationspotential nun immer unbedeutender. Das Wissen ist weitgehend diffundiert, der Markt tritt in eine stationäre Phase ein. Darum schwinden nach und nach die von der NWT herausgestellten dynamischen Externalitäten und mit ihnen ein Vorteil der Produktion in der Agglomeration (vgl. *Audretsch* und *Feldman* 1996a, 254). Die Standardisierung bietet die technische Möglichkeit der Massenproduktion, um Skalenerträge auszunutzen. Gleichzeitig ist die Unsicherheit gesunken, und die Beachtung der Kosten wird immer bedeutender (*Vernon* 1966, 196). Im verschärften Qualitäts- und Preiswettbewerb ändern sich die Standortanforderungen (*Schätzl* 1996, 197): „When the product gets standardized and price elasticity increases, labor unit costs become of prime importance" (*Tichy* 1991, 29). Darum verlagert sich die Produktion mehr und mehr in periphere Gebiete, wo

---

[59] Den hier deutlich gewordenen Unterschied zwischen den in Phase 1 und in Phase 2 dominierenden Kräften kann der von *Vernon* (1966) oder *Tichy* (1991) betrachtete dreiphasige Product Cycle nicht darstellen.

1991, 29). Darum verlagert sich die Produktion mehr und mehr in periphere Gebiete, wo die Kosten der Produktionsfaktoren wesentlich geringer sind. Sind die Skalenerträge hoch und wird die Ausweitung der Produktionsanlagen im Zentrum zu teuer, dann kommt es zur Errichtung einer großen Produktionsstätte in der Peripherie. Sind jedoch keine nennenswerten Skalenerträge zu verwirklichen, so kommt es eher zu einer Vielzahl verstreuter Produktionsstätten, die die verstreute Nachfrage kostengünstiger beliefern können.[60]

(4) In der **Stagnations- und Rückbildungsphase** haben die von den Polarisationstheorien, von der NEG und von der NWT betonten zentripetalen Kräfte weitgehend nachgelassen. Der stagnierende Markt kommt dem Gleichgewichtszustand der von *Lösch* betrachteten Wirtschaftslandschaft der Marktnetze (3.1.1.3.) nahe, in der die Produktion relativ gleichverteilt über die Fläche erfolgt, um die Raumüberwindungskosten zur Nachfrage zu minimieren und um einen möglichst großen Abstand zu den Konkurrenten zu erreichen (aufgeteilte Märkte). Gleichzeitig ist zu beachten, daß sich spätestens in dieser Phase die Unternehmensverbände, die sich vielleicht in der Anfangsphase zur Internalisierung von Wissensexternalitäten gebildet haben, zu rentensuchenden Interessengruppen verwandelt haben (vgl. 3.3.2.(3)). Regionen, die die alternden Märkte beheimaten, werden zunehmend bereit sein, diese zu unterstützen, um ein weiteres Abwandern zu verhindern. „Firms and politicians try to prevent the transfer of goods away from the agglomeration, so lowering the pressure to innovate and impeding the regional product cycle" (*Tichy* 1991, 51). Während diese Tendenz eine weitere Diffusion der Wirtschaftstätigkeit in diesem Markt verhindern kann, hat sie gleichzeitig einen entgegengesetzten Effekt auf die Allokation neuer Märkte.

Es läßt sich also zusammenfassen, daß im Laufe des Lebenszyklus eines Marktes zunächst zentripetale und später zentrifugale Kräfte überwiegen. Dadurch „verschiebt sich der optimale Produktionsstandort vom Zentrum in Richtung auf die Peripherie; d.h. es besteht eine Tendenz zur intraregionalen, interregionalen und internationalen Dezentralisierung der Produktion" (*Schätzl* 1993, 35; s. Abbildung 9).[61] Die beschriebenen Kräfte werden dabei zwar zumeist schon in der jeweils vorherigen Phase entstehen und in der jeweils folgenden Phase noch ausebben. Entscheidend ist aber das Aufeinanderfolgen der verschiedenen Kräfte, welches die stilisierten Fakten ⑤ bis ⑧ erklären kann.

---

[60] *Tichy* (1991, 50) betont, daß der „transfer of mature goods to the periphery is no mechanical process but needs innovative entrepreneurs as well." Dies entspricht auch dem Leader-Follower-Modell der NWT, in der die Imitation im peripheren Raum nicht kostenlos vonstatten geht (vgl. 3.2.2.4.).

[61] In ähnlicher Weise kombiniert *Giersch* (1979, 629-633) die Theorien von *Schumpeter* und *Thünen* in einer dynamisierten Standort- und Produktzyklustheorie. „Produktzyklus- oder *Schumpeter*-Güter" werden dort produziert, wo genügend Humankapital vorhanden ist und wo die Institutionen innovative, forschungswillige Unternehmen anziehen. Der räumliche „Kegel" um das *Thünen*-Zentrum wird durch den innovativen Sektor zu einem „Vulkan", so daß der Zentrum-Peripherie-Handel die „Lava" des Wissens (den Technologietransfer) beinhaltet. Dadurch wandern Industrien im Laufe ihres Lebenszyklus vom Zentrum zur Peripherie.

3.4.1.3. Profittheoretische Überlegungen in den einzelnen Marktphasen

Die Entwicklung von einer stärkeren Erlös- hin zu einer stärkeren Kostenorientierung im Verlaufe des Lebenszyklus eines Produktes oder einer Industrie wird in dem profittheoretischen *Krüsselbergschen* **Marktphasenschema** (Abbildung 10) noch deutlicher (vgl. hierzu *Krüsselberg* 1969, 282 f.; 1997, 163-166). Diese Darstellung ist komplementär zur der *Heuß*schen, hebt aber auf die Erlös- und Kostenentwicklung in den einzelnen Marktphasen ab und unterscheidet nur drei Phasen: die Entwicklungs-, die Expansions- (oder Produktions-) und die Rationalisierungsphase. In der Entwicklungsphase bindet ein Unternehmen spezifische Faktoren an sich und entwickelt das Wissen über ihre spezifische Nutzbarmachung. Die Erlösbestandteile, die ihm damit aus den spezifischen Faktoren zufallen (Renten aus natürlicher und künstlicher Knappheit), sind ihm zunächst nicht zu nehmen. Ebenso besteht in den frühen Marktphasen eine hohe „Ungewißheit für Externe hinsichtlich der Kosten und Erträge, [die] zu hohen Sicherheitsmargen [führt]" (*Krüsselberg* 1969, 207; reiner Profit aus Ungewißheit). Daher bestehen in den frühen Marktphasen hohe Erlösbestandteile, die (a) im allgemeinen nur im innovativen Umfeld einer Agglomeration entwickelt werden konnten und die es (b) den Unternehmen ermöglichen, die hohen Kosten in der Agglomeration überzukompensieren und sich deshalb nicht so sehr um sie zu kümmern.[62]

Abbildung 10: **Lebenszyklus eines Produktes oder einer Industrie nach *Krüsselberg***

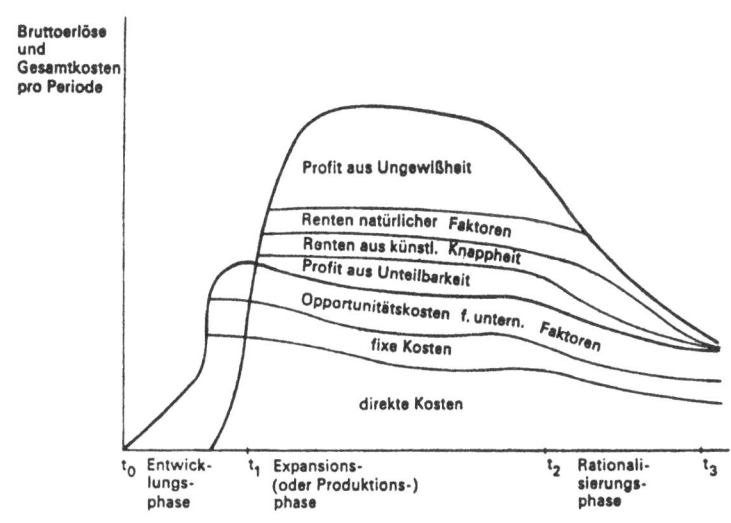

Quelle: *Krüsselberg* (1969, 282).

---

[62] Vgl. *Miracky* (1995, 26): „At this stage, differentiation [...] characterizes the supply side of the market, and on the demand side, buyers are fairly price inelastic. Thus, [...] costs are relatively less important to a firm's location decision when it produces a young product than they are later when the product has matured."

Werden diese Erlösbestandteile im Zeitverlauf aber eliminiert (Profiterosion durch den Konkurrenzdruck im Marktprozeß), und ist das befruchtende Klima der Agglomeration in dem nun ausgereiften Markt weitgehend entbehrlich, so ist die Beachtung der einzelnen **Kostenbestandteile** jetzt von größter Bedeutung (vgl. auch *Vernon* 1966, 196). Gerade die direkten Kosten - Lohnkosten, Mieten etc. - werden die Unternehmen des ausgereiften Marktes aus der Agglomeration hinaus- und in kostengünstigere periphere Räume hineindrängen. Ob dies nun durch einen Umzug desselben Unternehmens erfolgt oder dadurch, daß ein anderes Unternehmen in der Peripherie eine konkurrenzfähige Position auf diesem Markt aufbaut und das ursprüngliche Unternehmen aus diesem Markt ausscheidet, ist für die vorliegende Betrachtung der räumlichen Verteilung der Wirtschaftstätigkeit irrelevant.

3.4.1.4. Rohstoff- und agglomerationsorientierte Güter

Schon aus alltäglicher Anschauung ist klar, daß nicht alle Güter einem regionalen Produktzyklus folgen. Man denke nur an Bäckereiprodukte, welche großenteils in der Nähe der Nachfrager angeboten werden und sicherlich nur geringfügige Innovationen verzeichnen. *Tichy* (1991, 46-48) bietet eine anschauliche Einteilung in Güterklassen, die dies berücksichtigt: (1) **Produktzyklus-Güter** entstehen entsprechend der vorausgehenden Argumentation zumeist in Agglomerationen, und ihre Produktion diffundiert in späteren Marktphasen in periphere Räume. (2) Die Produktion von **rohstofforientierten Gütern** (Ricardo-Gütern) ist an Rohstoffstandorte gebunden, folgt also natürlichen Gegebenheiten.[63] (3) **Agglomerationsorientierte Güter** siedeln sich in der Nähe der Nachfrage oder wichtiger Angebotsmärkte an. Deshalb sind sie normalerweise an Agglomerationen gebunden. Dabei werden *nachfrage- (oder markt-) orientierte Güter* (Lösch-Güter) im wesentlichen nur für den lokalen Markt der Agglomeration hergestellt, wobei kontinuierlicher Kontakt zu den Kunden notwendig ist (z.B. Dienstleistungen und täglich eingekaufte Ware). Deshalb liegt ihr Produktionsstandort in der Regel im Einzugsbereich des Zentrums. Dagegen benötigen *angebots- (oder high skill-) orientierte Güter* (Thünen-Güter) die Agglomeration „because only agglomerations can provide the specialists and the services they employ" (*Tichy* 1991, 48).[64]

Eine dynamische Markttheorie muß also das Bild der räumlichen Verteilung der Wirtschaftstätigkeit, das sich aus einer einfachen Produktzyklusbetrachtung ergibt, noch modifizieren. Rohstofforientierte und agglomerationsorientierte Güter folgen nicht dem regionalen Produktzyklus. *Rohstofforientierte Güter* bieten einen weiteren Grund für die Entstehung von Agglomerationen an zentralen Rohstoffvorkommen, ganz im Sinne der

---

[63] Während die Bedeutung von Ricardo-Gütern für einige der heute bestehenden Agglomerationen sicherlich bestimmend war (man denke nur an die Kohlereviere), dürfte sie in der heutigen Zeit abgenommen haben - Silizium-Vorkommen bestimmen nicht den Produktionsstandort von Computerchips.

[64] Im *Thünen*-Modell (3.1.1.1.) siedelt sich die landwirtschaftliche Produktion in Ringen um die Stadt *als Nachfragezentrum* an. Die Grundidee hinter den angebotsorientierten Gütern stimmt also *nicht* mit der der *Thünen*-Ringe überein, so daß nicht ganz klar ist, weshalb *Tichy* den Namen „Thünen-Güter" wählt.

"Verfügbarkeit von Produktionsfaktoren" (s. 2.1.(2)). Ihre Produktion verläßt diese Agglomerationen auch nicht im Laufe des Produktzyklus in Richtung anderer Gebiete. Allerdings werden auf rohstofforientierten Gütern basierende Agglomerationen am Ende des Marktzyklus dieser Güter - d.h. wenn diese durch andere Güter substituiert werden, die nicht an das spezielle Rohstoffvorkommen gebunden sind -, einen Niedergang erfahren. *Agglomerationsorientierte Güter* bieten den aufgrund von rohstofforientierten und Produktzyklus-Gütern entstandenen Agglomerationen Stabilität (vgl. Tichy 1991, 48), da sie sich zusätzlich in den Agglomerationen ansiedeln. *Tichy* bedenkt allerdings nicht explizit, daß die agglomerationsorientierten Güter letztlich immer nur den beiden anderen Güterarten folgen: Wenn sich aufgrund der anderen Güterarten Agglomerationen bilden, so siedeln sie dort an, und wenn diese Agglomerationen dann aufgrund des Produktzyklus auf einen absteigenden Pfad gelangen, dann werden auch sie diese nun schrumpfenden zugunsten neuer größerer Agglomerationen verlassen. Damit erzeugen sie keine eigenständigen Tendenzen, sondern bedingen gewissermaßen nur eine **Zähigkeit** des jeweils gegebenen Zustandes. Da aber Produktzyklus-Güter die rohstofforientierten Güter in ihrer Bedeutung bei weitem übertreffen dürften, bleibt als raumstrukturbestimmende Tendenz ganz eindeutig die zyklische Entwicklung der dynamischen Markttheorie.

3.4.2. Die räumliche Verteilung der Wirtschaftstätigkeit aus der Sicht einer Agglomeration: Aufstieg und Niedergang von Agglomerationen

Bisher wurde nur die räumliche Allokation *eines Marktes* und deren Veränderung betrachtet. Um aber die **Entstehung und Veränderung** *einer Agglomeration* (einer Region) zu verstehen, ist noch zu untersuchen, wie die verschiedenen Marktlebenszyklen räumlich miteinander verbunden sind. Die Wirkung des Entstehens neuer Märkte auf bereits existierende ältere Märkte (schöpferische Zerstörung) ist in ihren räumlichen Auswirkungen zu analysieren. Wenn Innovationen schon zumeist in Agglomerationen ihren Ursprung nehmen, dann lautet die zentrale Frage: Sind es die alten Agglomerationen, die immer wieder die neuesten Märkte anziehen, oder siedeln sich Innovationen in jüngeren, vielleicht noch kleineren Agglomerationen an?

Zwei Tendenzen lassen sich hierbei unterscheiden:

(1) *Agglomerationen ziehen sowohl* **Verbesserungsinnovationen** *wie auch die Anwendung bestehender Technologien in anderen Bereichen an.* - Diese Sicht vertritt beispielsweise *Miracky* (1995) aufgrund der Beobachtung anhaltender Unterschiede im Beschäftigungswachstum zwischen US-amerikanischen Regionen: „Given the existence of a product life cycle, the only way these growth differences can persist is that fast-growing areas are somehow able to replace aging products with newer higher-growth ones" (*Miracky* 1995, 47). Ansonsten würde eine Region im Einklang mit ihrer alternden Industrie schließlich stagnieren. „The existence of local spillovers of technology among the producers of young products provides a mechanism through which this regeneration of growth can occur" (*Miracky* 1995, 24). Dies entspricht dem oben unter der Experimentierphase dargestellten Mechanismus. Würden sich Innovatoren dementsprechend immer wieder dort ansiedeln, wo auch die zuvor innovierenden Unternehmen sich

angesiedelt haben, könnte sich die **Wachstumsdynamik einer Region für immer erhalten**. Dies würde zwar Faktum ① erklären, nicht aber Faktum ③. *Miracky* beachtet beachtet dabei allerdings nicht, daß die alternden Industrien mit fortschreitendem Lebenszyklus in periphere Regionen diffundieren. Das Wachstumssaldo der Agglomeration ist also ambivalent (Zugang neuer Industrien minus Abgang alternder Industrien), ebenso wie das der Peripherie (Zugang alternder Industrien minus Absterben der ganz alten Industrien). Noch stärker wirkt aber die folgende zweite Tendenz:

(2) *Agglomerationen stoßen vollkommen neue Technologien ab.* - Auch wenn inkrementale *Verbesserungs*innovationen wesentlich von Wissensexternalitäten der bestehenden Produktion profitieren können, so gilt dies für *Basis***innovationen** schon ihrem Charakter entsprechend nicht (vgl. ähnlich *Bröcker* 1994, 44). Ganz im Gegenteil kann das Klima älterer Agglomerationen dem Entstehen von Basisinnovationen geradezu feindlich gegenüberstehen. Je mehr die konservativen Unternehmer die kreativen dominieren, desto stärker ist die **Verkrustungstendenz alternder Regionen** mit mächtigen rentensuchenden Interessenverbänden in den alternden Industrien (vgl. 3.3.2.(3)). Demgegenüber weisen kleinere Agglomerationen in peripheren Gebieten oftmals ein aufgeschlossenes innovatives Milieu auf, in dem sich völlig neue Innovationen frei entfalten können.[65] Darüber hinaus vollziehen sich inkrementale Technologiefortschritte gemäß der Idee des Leapfrogging-Modells (vgl. 3.2.2.4.) zumeist durch das Learning-by-doing der in dieser Technologie führenden Unternehmen. Handelt es sich aber um „major breakthroughs that change the nature of technology fundamentally" (*Brezis*, *Krugman* und *Tsiddon* 1993, 1212), dann ist ein Umfeld notwendig, das nicht durch die effiziente Nutzung der alten Technologie blockiert ist. Große Technologiesprünge oder Nachfrageverschiebungen bringen neuen Standorten Wettbewerbsvorteile, so daß es zu einem Altern von Agglomerationen kommt, die damit ihre Innovationsfähigkeit verlieren (s. *Tichy* 1991, 49). Für Basisinnovationen gilt also: „new ideas need new space" (*Audretsch* und *Feldman* 1996a, 270; vgl. *Jacobs* 1969, 121). Schließlich entstehen auch durch verschiedene Formen **negativer Agglomerationseffekte** („congestion effects", s. *Junius* 1996a) Grenzen der Agglomeration, etwa durch Luftverschmutzung, Wassermangel, Verkehrsverstopfung, sinkende Arbeits- und Wohnqualität oder überproportional steigende Kosten des Rechtsschutzes.

Faßt man die beiden beschriebenen Tendenzen - Anziehen von Verbesserungsinnovationen und Abstoßen von Basisinnovationen durch Agglomerationen - zusammen, kommt es zu einem **Aufstieg und Niedergang von Regionen** (vgl. *Schätzl* 1996, 199). Aus der Sicht der dynamischen Markttheorie ist also ein „reversal of core-periphery relationships" (*Norton* und *Rees* 1979, 150) eine natürliche Entwicklung, da ein natürli-

---

[65] Genau hierauf zielen einige neuere regionalwissenschaftliche Modelle ab (die „Theorie der geographischen Industrialisierung", das „Konzept der Industriedistrikte" und das „Konzept der innovativen Milieus und Netzwerke"; vgl. *Schätzl* 1996, 205-213): Kreative Regionen ziehen neue Innovationen, die sich weit genug von der Produktion in älteren Agglomerationen abwenden, durch ihr für Neuerungen offenes Umfeld an.

cher Lebenszyklus von Agglomerationen existiert (s. *Brezis* und *Krugman* 1993, 1; vgl. *Tichy* 1991, 50).[66] Damit ist die Existenz von Faktum ③ erklärt.

Der **Wettbewerb als Entdeckungsverfahren** (*von Hayek* 1969) wirkt, indem sich erst durch das Ausprobieren verschiedener Technologien, die Verfeinerung der Produktion und die Entwicklung neuer Produktvarianten und Produkte an unterschiedlichen Standorten der von den souveränen Konsumenten bevorzugte Produktmix herausstellt und durchsetzt. Es wäre eine Anmaßung von Wissen (*von Hayek* 1975), die beste räumliche Allokation der Wirtschaftstätigkeit vorhersehen zu wollen, weil „Umschichtungen in der räumlichen Konzentration [...] ein offener Prozeß" (*Schüller* 1993, 130) sind.[67] Zu jedem Zeitpunkt ist sowohl Konvergenz als auch Divergenz möglich; die Aufteilung der Wirtschaftstätigkeit ist ein „kontinuierlicher Transformationsprozeß" (*Schätzl* 1993, 36), da einmal vorhandene Vorteile aufgrund von innovativem Vorstoß und imitierendem Nachziehen nie grundsätzlich dauerhaft sind (vgl. *Rüter* 1987, 79 f.). Insofern wirken sich auch „lange Wellen" der Wirtschaftsentwicklung, verstanden als Produktzyklen äußerst grundlegender Technologien, räumlich so aus, daß alte Agglomerationen einen Niedergang erfahren und neue Agglomerationen entstehen (s. Abbildung 11).[68]

Aus der hier entwickelten Theorie wird deutlich, daß es für eine Agglomeration gefährlich ist, sich zu stark auf eine Industrie zu spezialisieren. Sie wird dann früher oder später zwangsläufig in eine Phase der Stagnation und Rückbildung eintreten, da aufgrund geringer informatorischer Diversifikation die innovativen Fähigkeiten schnell nachlassen. In einer Region mit diversifizierter Produktion erlahmen dagegen die kreativen Kräfte nicht so schnell.[69]

---

[66] S. *Norton* und *Rees* (1979, 149): „The causal links postulated between structural and regional changes are reminiscent of *Schumpeter*'s [1950] 'process of creative destruction'. Here capitalism in a regional context grows by incremental innovation, through product cycles that create new economic structures and by-pass existing ones that have become obsolete".

[67] Vgl. *Hampe* (1987, 64), der die „Unmöglichkeit von *Prognosen* für einzelne Standorte" begründet.

[68] Vgl. zu den langen Wellen im Raum auch *von Böventer* (1987, 32-39) sowie *Hampe* und *Koll* (1989, 47): „Die Wellenbewegungen der Wirtschaft mit der Überlagerung der S-förmigen Entwicklungsverläufe verschiedener Sektoren in den einzelnen Regionen führen, betrachtet in der räumlichen Dimension, im Zeitablauf zu Konzentrationen und Dekonzentrationen von Industrien an unterschiedlichen Standorten."

[69] Vgl. hierzu *Jacobs* (1969); *Zimmermann* (1991, 23); *Tichy* (1991, 43, 49 f.).

Abbildung 11: Räumliche Auswirkungen der „langen Wellen" wirtschaftlicher Entwicklung

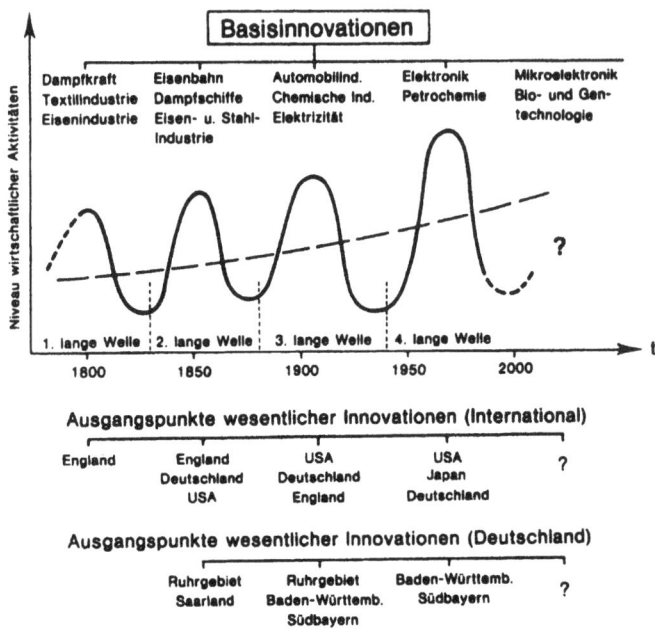

Quelle: *Schätzl* (1996, 203, Abbildung 2.43)

Zusammenfassend ergibt sich also durchaus eine dem Bild *Löschs* ähnliche räumliche Struktur der Wirtschaftslandschaft (s. 3.1.1.3. und Abbildung 7/8), aber dieses Bild ist immer nur eine Momentaufnahme: Bei einem späteren „Satellitenbild" wird sich die räumliche Verteilung verändert haben. Die vorgestellte räumliche dynamische Markttheorie abstrahiert von keinem der vier raumstrukturbestimmenden Faktoren (2.1.), sondern berücksichtigt sie alle in spezifischen Zusammenhängen. Mit dieser Theorie lassen sich letztlich alle vorgeschlagenen stilisierten Fakten der räumlichen Agglomerationsentwicklung erklären (s. Tabelle 2): Es gibt Agglomerationen (①, ⑤ und ⑦), die sich aber auch wieder zurückbilden können (③, ⑥ und ⑧), so daß sich das Bild der Struktur räumlicher Marktnetze (②) in der Zeit verändert (④).

Dynamische Raumwirtschaftstheorie und EU-Regionalpolitik

Tabelle 2: Übersicht der Theorien mit ihrem Erklärungsgehalt der stilisierten Fakten

Ein großes Kreuz (✗) bedeutet, daß das stilisierte Faktum erklärt werden kann; ein kleines Kreuz (x), daß die Erklärung nur im Ansatz, nicht aber in der genauen Ausprägung geschieht.

Stilisierte Fakten:
- ① Keine Gleichverteilung im Raum (Agglomeration und Peripherie)
- ② Landschaft hierarchischer Marktnetze
- ③ Agglomerations-Lebenszyklus
- ④ Veränderung der Landschaftsstruktur in der Zeit
- ⑤ Räumliche Verdichtung einzelner Industrien
- ⑥ Abnehmende Verdichtung der Industrien im Lebenszyklus
- ⑦ Räumlich begrenzte Wissensspillovers
- ⑧ Abnehmende Bedeutung der Wissensspillovers im Marktzyklus

Theorie	Kurzbeschreibung	①	②	③	④	⑤	⑥	⑦	⑧
Thünensche Ringe	Ungleichverteilung der landwirtschaftlichen Produktion im Raum durch Transportkosten.	x							
Christaller: System zentraler Orte	Statische Modelle der räumlichen Struktur der Wirtschaftslandschaft mit Agglomerationen; hierarchische Zentrale-Orte-Struktur (Christaller); System von Marktnetzen mit teilweiser Spezialisierung (Lösch); Vernachlässigung externer Effekte und der Nachfragekonzentration im Zuge der Produktionskonzentration (System verzerrter Rechtecke).	✗	✗						
Lösch: System der Marktnetze		✗	✗			x			
von Böventer: Standortstrukturtheorie	Komparativ-statische Anpassung an modellexterne historische Entwicklungstendenzen; historischer Trend zu verstärkter Agglomeration; multizentrische Weltwirtschaft.	✗	✗	x					
Regionale Polarisationsmodelle	Kumulative Verursachung, da Polarisationseffekte größer als Sickereffekte; zwangsläufige Ungleichgewichtigkeit räumlicher Entwicklung; in Clustern auftretende Innovationen.	✗						x	
NEG: New Economic Geography-Modelle	Konzentration durch lokalisierte pekuniäre externe Effekte bei unvollkommenem Wettbewerb aufgrund steigender Skalenerträge; Formalisierung von kumulativer Verursachung und Zentraler-Orte-Struktur.	✗	✗			✗			
Alte Wachstumstheorie	Konvergenzprozesse zum Steady State.								
NWT: Neue Wachstumstheorie	Modellendogener technischer Fortschritt durch Innovationen auf monopolistischen Märkten mit dynamischen technologischen externen Effekten; sowohl Divergenz (räumlich begrenzte Wissensspillovers) als auch Konvergenz (globale Diffusion des Wissens) möglich.	✗		x		✗	x	✗	x
Ordnungstheorie	Räumliche Industriecluster; Konzentration von Wirtschaftstätigkeit durch Rechtsschutz- und Leistungsstaat; Niedergang bei institutioneller Verkrustung durch Interessengruppen in stagnierenden Märkten.	✗				✗	✗		
Räumliche dynamische Markttheorie	Agglomeration durch Wissensspillovers bei Innovationen in der Experimentierphase; Diffusion der Wirtschaftstätigkeit im Verlauf des Marktzyklus; Aufstieg und Niedergang von Agglomerationen, letzteres durch Lokalisation von Basisinnovationen außerhalb verkrusteter Agglomerationen.	✗	✗	✗	✗	✗	✗	✗	✗

3.5. Wirtschaftliche Integration und Agglomerationstendenzen

Wie bereits in der Einleitung betont, vernachlässigt die herkömmliche Betrachtung wirtschaftlicher Integration die räumliche Dimension weitgehend. Nach der Theorie der komparativen Vorteile ist freier Handel für alle beteiligten *Nationen* vorteilhaft. Auf subnationale Regionen und eventuelle Agglomerationswirkungen wird nicht eingegangen.[70] Mit Hilfe des hier entwickelten Theoriegerüstes kann diese Fragestellung nun angegangen werden.[71] Aus raumwirtschaftlicher Sicht bedeutet Integration eine „reduction in the costs of doing business across space" (*Krugman* und *Venables* 1996, 961), da Handelsbarrieren entfallen: Durch einen gemeinsamen Markt verschwinden Zölle und nichttarifäre Handelshemmnisse, durch eine Währungsunion entfallen Umtauschkosten und Unsicherheit des Wirtschaftens über Währungsgrenzen. Somit werden die Raumüberwindungskosten gesenkt sowie die Faktormobilität erhöht. Dies vergrößert die räumlichen Märkte und ermöglicht damit die Realisation von steigenden Skalenerträgen, soweit diese im nationalen Bereich noch nicht ausgeschöpft sind.

Ein *eindeutiger* raumwirtschaftlicher Effekt kommt durch diese Integrationswirkungen nur bei Mobilität des Wissens zustande: Erhöht die Integration die **Wissensdiffusion** zwischen den Regionen der verschiedenen Staaten, so ermöglicht dies schnellere Konvergenz. Allgemein gilt aber, daß die räumliche Verteilung der Wirtschaftstätigkeit auch in einem weiter integrierten Gebiet ein **offener Prozeß** ist. So gibt es Kräfte, die agglomerierend wirken, und Kräfte, die deglomerierend wirken - und zwar dann jeweils über den gesamten Integrationsraum. Erstere überwiegen bei Wirtschaftszweigen, die

---

[70] Dies gilt gerade auch für den europäischen Integrationsprozeß: Bei der Entscheidung zur Schaffung des Binnenmarktes der EG waren regionale Effekte kaum ein Thema (*Zimmermann* 1991, 13).

[71] Eine sehr frühe Behandlung dieser Frage stammt von *Giersch* (1949, 91), der davon ausgeht, daß Integration inter-europäische Agglomeration verstärken würde.
In einer Reihe von **NEG-Modellen** thematisieren *Krugman* und *Venables* die Auswirkungen einer Integration auf industrielle Lokalisationsentscheidungen (s. *Krugman* und *Venables* 1990, 56-75; 1995, 857-880; 1996, 959-967; *Krugman* 1991c, 95-98; *Venables* 1994, 1-17; 1995, 296-300; 1996, 341-359). Sie kommen zu dem Ergebnis, daß, ausgehend von sehr hohen Handelsbarrieren, das mit der Integration verbundene Sinken der Transportkosten zunächst negative und später positive Effekte für periphere Regionen hat, so daß die Beziehung zwischen Transportkosten und peripherer Produktion nicht monoton, sondern U-förmig ist.
Walz (1995a; 1995b; 1996; vgl. a. *Bröcker* 1997, 23) hat die agglomerativen Integrationseffekte im Rahmen von **NWT-Modellen** untersucht. Während entsprechend der grundlegenden Idee der NWT ein größerer Markt durch eine erweiterte Nutzung nicht-rivalisierenden Wissens das Wachstum generell stärkt (s. die Analyse *nationaler* Auswirkungen wirtschaftlicher Integration von *Grossman* und *Helpman* (1989) und *Rivera-Batiz* und *Romer* (1991a; 1991b)), hängt die Frage der Konvergenz oder Divergenz der Regionen wieder entscheidend von der räumlichen Reichweite der Wissensdiffusion ab (s. 3.2.2.4.). Es ist durchaus möglich, daß „integration might lead to increasing regional concentration of production and innovation" (*Walz* 1996, 671). Als Ergebnis bleibt auch für die Integration festzuhalten, daß „[d]epending on the details, everything can happen" (*Bröcker* 1997, 23).

sich noch in frühen Phasen ihrer Marktzyklen befinden, letztere bei älteren Wirtschaftszweigen.[72] Damit kann es bei jungen Wirtschaftszweigen durch die Integration zu einer noch stärkeren Konzentration kommen, weil eine innovative Region Wirtschaftsaktivitäten aus einem noch größeren Gebiet anziehen kann. Ein Beispiel hierfür ist das Finanzzentrum London, welches schon seit längerer Zeit Finanzinnovationen in den Markt eingeführt und damit Finanzinstitute aus ganz Europa angezogen hat.

Bei Wirtschaftszweigen in späteren Phasen des Marktzyklus kann demgegenüber durch die Integration eine Diffusion nicht nur in die peripheren Regionen *eines* Staates, sondern in diejenigen des gesamten Integrationsgebietes stattfinden. Damit dürften periphere Gebiete, gerade auch in den ärmeren Staaten, durchaus von einer Integration mit anderen Staaten profitieren - soweit sie potentiellen Investoren einen günstigen Institutionenrahmen anbieten können. Dies macht auch klar, daß Integration den institutionellen Standortwettbewerb zwischen den Regionen (vgl. 3.3.3.) verstärken wird. Verkrustete Regionen, die sich vor dem Wettbewerb innerhalb eines Staates noch schützen konnten, sind durch die Integration dem Wettbewerb von Regionen aus anderen Staaten ausgesetzt. Dies erhöht den Druck zum Strukturwandel und kann bei mangelnder Veränderungsfähigkeit zu einem (relativen) Niedergang alter Agglomerationen führen. Desweiteren dürfte im „trial and error" des wettbewerblichen Entdeckungsverfahrens eine größere Zahl von Wettbewerbern (d.h. mehr Regionen, zwischen denen hohe Mobilität besteht) das Entstehen besserer Institutionen erwarten lassen.

Damit bleibt die räumliche Verteilung der Wirtschaftstätigkeit auch in einer wirtschaftlichen Integration ein offener Prozeß, in dem die Integrationseffekte in beide Richtungen wirken können: Agglomerationen können weitere Aktivitäten anziehen oder sich zurückbilden, und periphere Räume können durchaus Wirtschaftstätigkeit attrahieren. Damit relativieren sich durch die Einführung der räumlichen Dimension die Ergebnisse der traditionellen Integrationstheorie dahingehend, daß es - wie immer bei der Öffnung zu weiterem Wettbewerb - auch in regionaler Hinsicht **Gewinner und Verlierer** geben wird. Integration wird aber nicht einseitig agglomerative oder einseitig deglomerative Tendenzen hervorrufen. Die **Effizienz** der räumlichen Allokation wird jedoch durch die Vergrößerung des Marktgebietes sicherlich **erhöht**.[73]

---

[72] *Zimmermann* (1991, 38-46) stellt die Hypothese auf, daß man zwei Stufen der regionalen Auswirkungen des Binnenmarktes (d.h. der Integration) unterscheiden kann, wobei in der ersten zentripetalen Tendenzen im Regionengefüge überwiegen, in der zweiten die zentrifugalen. Da es zu jedem Zeitpunkt Wirtschaftszweige in den verschiedenen Marktphasen gibt, besteht dafür in der hier gewählten Sichtweise kein Grund.

[73] Allerdings ist *Zimmermann* (1991, 42) - gerade im Fall Europas - zuzustimmen, daß der „Gesamteffekt des Binnenmarktes auf die Regionalstruktur [...], als Zusatzeffekt zu dem, was sich in Europa auch ohne den Beschluß von 1985 ereignet hätte, sicherlich nicht als allzu groß einzuschätzen [ist], zumal sich die Wanderungsprozesse wegen der sprachlichen und kulturellen Barrieren in Grenzen halten werden."

4. Ordnungspolitische Konsequenzen für die europäische Integration

Für die bisher betriebene deutsche und europäische Regionalpolitik muß konstatiert werden, daß es ihr „an hinreichenden theoretischen Grundlagen [mangelt]" (*Schüller* 1993, 132; vgl. *Krätzschmar* 1995, 19 f., 29, 226). Diesem Mangel soll mit der im vorangegangenen Kapitel entwickelten Theorie Abhilfe geschaffen werden. Auf ihrer Grundlage lassen sich nun ordnungspolitische Konsequenzen für die Europäische Integration ableiten. Unter *Raumwirtschaftspolitik* (Regionalpolitik) werden hier alle staatlichen Eingriffe verstanden, die beabsichtigen, die räumliche Allokation der Wirtschaftstätigkeit gezielt zu beeinflussen.[74] Darunter fallen sowohl ordnungspolitische Aktivitäten, die dem räumlichen Wettbewerb einen geeigneten Rahmen geben sollen (hier als *Raumordnungspolitik* bezeichnet),[75] als auch prozeßpolitische Maßnahmen, die direkt in den Markt intervenieren (*Raumstrukturpolitik*).[76] Die raumordnungspolitische Frage lautet also: Kann die räumliche Allokation der Wirtschaftstätigkeit bei gezielter Rahmensetzung dem Markt überlassen oder muß interveniert werden?

Wie bei jeder politischen Fragestellung muß zunächst Klarheit über die verfolgten Ziele bestehen (4.1.), um klären zu können, ob es staatlicher Eingriffe in das freie Spiel der Marktkräfte zur Zielerreichung bedarf (4.2.). Darauf aufbauend ist abzuleiten, welcher Art diese Eingriffe ggf. sein sollen. Die grundsätzlichen ordnungspolitischen Alternativen bestehen in einer die räumliche Allokation bestimmenden zentralen Planung und dem Setzen eines Ordnungsrahmens für eine dezentrale Wettbewerbslösung (4.3.). Nach einer Bewertung der bisher in Europa realisierten Raumwirtschaftspolitik (4.4.1.) können darauf aufbauend ordnungspolitische Konsequenzen der theoretischen Überlegungen für Europa erarbeitet werden (4.4.2.).

4.1. Raumwirtschaftliche Ziele

Entsprechend den allgemeinen wirtschaftspolitischen Zielen lassen sich drei raumwirtschaftliche Ziele ableiten:[77]

(1) Das allokationspolitische **Effizienz- oder Wachstumsziel** fordert eine wachstumsoptimale Verteilung der Produktionsfaktoren im Raum, die eine räumlich optimale Nutzung der Ressourcen ermöglicht und damit den gesamtwirtschaftlichen Output maximiert.

---

[74] Vgl. *Bröcker* (1994, 30); *Jürgensen* (1981, 429); *Eckey* (1995, 815); *Müller* (1960, 147).

[75] Diese Definition weicht von der oftmals in der Literatur vertretenen ab, die unter „Raumordnungspolitik" einen der „Raumwirtschaftspolitik" übergeordneten Begriff sieht, der neben wirtschaftlichen auch andere Politikbereiche umfaßt. Dies wird hier als „raumorientierte Politik" oder einfach „Raumpolitik" bezeichnet.

[76] Zur Einteilung in eine ordnungs- und prozeßpolitische Variante vgl. *Eckey* (1995, 818-820).

[77] Zu den Zielen der Raumwirtschaftspolitik vgl. *Schneider* (1968, 4-8); *Krieger-Boden* (1995b, 193 f.); *Eckey* (1995, 816); *Jürgensen* (1981, 429 f.); *Gutmann* (1996, 176).

(2) Das distributionspolitische **Ausgleichsziel** verlangt einen Abbau extremer, gesellschaftlich unerwünschter interregionaler Einkommensunterschiede. Es entspringt gesellschaftlichen Gerechtigkeitsvorstellungen und ist damit primär außerökonomisch begründet.[78] Als ideal werden annähernd gleichverteilte Lebensbedingungen im Gesamtgebiet angesehen (Vereinheitlichung der Lebensverhältnisse).

(3) Das regionale **Stabilitätsziel** zielt auf die Reduzierung konjunktureller und struktureller Anfälligkeiten einer Region.

Zwischen den Zielen kann im Einzelfall sowohl Komplementarität (Harmonie) als auch Kompetitivität (Konflikt) bestehen.

4.2. Zur Notwendigkeit einer Raumwirtschaftspolitik

Es stellt sich nun die Frage, ob es zur Erreichung dieser drei Ziele staatlicher Eingriffe bedarf. Nur dann und dort, wo die entsprechend der Theorie zu erwartende räumliche Struktur der Wirtschaftstätigkeit nicht mit den raumwirtschaftlichen Zielen übereinstimmt, ist möglicherweise der ordnende Zugriff staatlicher Instanzen erforderlich (vgl. *Klaus* 1981, 442).

(1) **Effizienz- oder Wachstumsziel:** Bringt das freie Spiel der Marktkräfte eine dynamisch effiziente räumliche Allokation hervor? Zwei Thesen werden für die generelle Funktionsunfähigkeit des räumlichen Wettbewerbs vorgebracht (s. *van Suntum* 1984, 112 f.; *Gutmann* 1996, 180). Die erste lautet, daß der Marktmechanismus aufgrund der Unvermehrbarkeit des Produktionsfaktors Boden ineffizient sei. Diese These ist schon durch *von Thünen* (s. 3.1.1.1.) widerlegt worden, der gezeigt hat, daß der Mechanismus der Bodenpreise (Lagerenten) zu einer effizienten Nutzung des Bodens führt. Die zweite These behauptet, daß bereits die Existenz von Raumüberwindungskosten und Mobilitätshemmnissen eine effiziente Allokation verhindere. Auch diese Behauptung ist abzulehnen, da sie von der Fiktion einer raumlosen Wirtschaft als Leitbild für die optimale Faktorallokation ausgeht.[79] Diese Fiktion eines absoluten Standortoptimums ist aber nicht realisierbar. Daß Raumüberwindungskosten eine effiziente Allokation im Raum nicht verhindern, haben schon die traditionellen Standorttheorien (s. etwa *von Böventer* 1962b) gezeigt.

Neben der generellen Funktionsunfähigkeit werden **verzerrte Marktsignale** gegen die Effizienz der Marktlösung angeführt. Sie tritt insbesondere bei externen Effekten auf.[80] Die in räumlicher Hinsicht wichtigen externen Agglomerations- und Deglomera-

---

[78] Es wird aber auch zur Aufrechterhaltung der (Wirtschafts-)Ordnung benötigt, da gerade in (Grenz-)Regionen mit sehr geringen Lebensstandards soziale Unruhen und Absplitterungsbestrebungen entstehen können.

[79] Ähnliches gilt für vorgebrachte Gründe wie Unteilbarkeiten, interne Ersparnisse und die historische Komponente. Unteilbarkeiten z.B. können zwar zur Konzentration aus Auslastungsgründen führen, dies darf aber keineswegs mit einer ineffizienten Allokation verwechselt werden; vgl. *Klemmer* (1978, 29 f.).

[80] Vgl. *Krätzschmar* (1995, 47-50); *van Suntum* (1984, 113f); *Gutmann* (1996, 180).

tionseffekte führen dazu, daß die Marktpreise nicht alle Kosten- bzw. Nutzenfaktoren beinhalten. Deshalb können sie nicht als Knappheitsindikatoren wirken, so daß eine reine Marktlösung ohne jeglichen ordnungsbringenden Eingriff staatlicher Instanzen nicht zu einer effizienten Allokation der Wirtschaftstätigkeit im Raum führt. Die theoretischen Ausführungen im 3. Kapitel haben deutlich gemacht, daß diese räumlich begrenzten externen Effekte durchaus existieren. Die von der NWT betonten Wissensexternalitäten etwa führen zu verzerrten Marktsignalen, die der Wissensproduktion nicht alle produzierten gesamtwirtschaftlichen Erlöse zurechnen. Auch durch alle negativen Agglomerationseffekte, etwa Verkehrsverstopfung und Umweltüberlastung, wird die räumliche Allokation verzerrt: Hat ein Wirtschaftssubjekt nicht alle negativen Effekte (Kosten) seiner Aktivität in der Agglomeration zu tragen, ist der Anreiz für eine Allokation in der Agglomeration zu groß. Damit es bei Existenz räumlich bedingter externer Effekte zu einer effizienten Allokation über den Marktmechanismus kommt, müssen diese in den Marktpreisen internalisiert werden. So würde z.B. die Installation eines Marktes für Umwelt in Form von Verschmutzungszertifikaten durch „die sachgerechte Behandlung der Umwelt als knappes Gut gleichzeitig auch das Ballungsproblem entscheidend entschärfen" (*van Suntum* 1984, 120 f.). Durch eine solche Korrektur der Marktsignale über eine geeignete staatliche Rahmensetzung ist der Markt in der Lage, die bestmögliche räumliche Allokation zu entdecken. Staatliche Aktivitäten sind aber nur insoweit erforderlich, als die Internalisierung nicht schon durch spontan entstehende innere Institutionen geleistet wird (s. 3.3.1.).[81]

Mängel der marktlichen Allokation können auch durch eine unzureichende Markttransparenz auftreten. So ist eine unzureichende Mobilität der Produktionsfaktoren oftmals das Resultat von Informationsmängeln (vgl. *Eckey* 1978, 73), die der Staat durch die Bereitstellung von Informationen über die regionalen Verhältnisse verringern kann.

Viele verzerrte Marktsignale entstehen allerdings erst künstlich durch staatliche Eingriffe in den Marktmechanismus, so daß eher von Politik- und Staatsversagen denn von Marktversagen gesprochen werden muß.[82] So konterkariert eine staatliche Subventionierung von Wohnraum und Nahverkehr in Ballungszentren die Agglomerationsnachteile in Form höherer Miet- und Transportkosten. „Die mangelnde Anwendung von Markt und Wettbewerb bzw. ihre bewußte Außerkraftsetzung im öffentlichen Sektor [...] ist es, die die wesentlichen regionalen politischen Probleme überhaupt erst schafft, zumindest aber entscheidend verschärft" (*van Suntum* 1984, 123). Eine effiziente Marktlösung ist hier schon durch das Unterlassen verzerrender staatlicher Eingriffe in den Marktmechanismus zu erreichen. Eine kostenmäßig nicht gerechtfertigte Gleichheit der Gebühren für Nahverkehrssysteme, Wasserver- und -entsorgung und andere öffentliche Leistungen in verschiedenen Regionen kommt häufig aufgrund vertikaler oder horizontaler Finanzzuweisungen zustande. Im kommunalen Finanzausgleich der Bundesrepublik

---

[81] Vgl. *Bode* (1997, 144): „Da jedoch gerade auf regionaler Ebene ein bedeutender Teil der Wissens-Spillovers durch private Institutionen internalisiert zu werden scheint, ist fraglich, ob überhaupt ein signifikanter Handlungsbedarf des Staates auf regionaler Ebene besteht."

[82] Vgl. *Klemmer* (1978, 31); *Schüller* (1993, 130 f.); *Starbatty* (1967, 29).

Deutschland etwa wird Ballungsräumen ein höherer Finanzbedarf pro Kopf zugebilligt. Damit wird aber eine Externalisierung interner Ballungskosten betrieben (*van Suntum* 1984, 118), also das genaue Gegenteil der anzustrebenden Internalisierung aller Kosten und Erträge.

In diesem Zusammenhang ist allerdings zu berücksichtigen, daß der Staat durch „öffentliche Investitionen nolens volens [...] einen Einfluß auf die regionale Struktur der Wirtschaft ausübt" (*Giersch* 1964, 391).[83] Nur wenn die Kosten der öffentlichen Infrastruktur nach dem Prinzip der fiskalischen Äquivalenz den Wirtschaftssubjekten in der begünstigten Region angelastet und nicht durch das Gemeinlastprinzip verwischt werden, entsteht eine effiziente räumliche Allokation. So ist eine möglichst weitgehende Übereinstimmung von Nutznießer- und Kostenträgerkreis sowie von Ausgabenbefugnis und finanzieller Verantwortung anzustreben (vgl. *Soltwedel* 1987, 136 f.). Dadurch würde auch die Kollektivierung des politischen Haftungsprinzips, die bei einer übermäßigen Zentralisierung der Entscheidungsbefugnis entsteht, verhindert (s. *Klemmer* 1986, 123 f.). Gemäß dem Subsidiaritätsprinzip dürfte eine höhere Verwaltungsebene eine Aufgabe nur dann übernehmen, wenn die untergeordnete Ebene nicht in der Lage wäre, ihren regionalpolitischen Aufgaben nachzukommen (s. *Bothe* 1987, 128; s.a. ausführlich *Döring* 1993).

Alles in allem wird deutlich, daß der Markt nicht schon von sich aus effizient ist; es bedarf eines vom Staat bereitgestellten Ordnungsrahmens, der unverzerrte Marktsignale ermöglicht. Ist dies realisiert, dann ist eine **Marktlösung** der räumlichen Allokation **effizient**. Das räumlich verstreute Wissen kann durch den Wettbewerb als Entdeckungsverfahren genutzt werden. Werden die öffentlichen Leistungen nicht durch fehlgeleitete Finanzausgleichszahlungen verzerrt, so führt „die Konkurrenz zwischen Regionen um Bürger und Industriebetriebe bei Schaffung geeigneter Rahmenbedingungen zu einer Aufteilung der Produktionsfaktoren im Raum [...], die den komparativen Kostenvorteilen der einzelnen Regionen entspricht und somit gesamtwirtschaftlich als effizient zu bezeichnen ist" (*van Suntum* 1984, 125).[84]

(2) **Ausgleichsziel:** Widerspricht nun aber die Marktlösung dem Verteilungsideal? Die räumliche dynamische Markttheorie läßt einen Aufstieg und Niedergang von Regionen erwarten (3.4.2.). Diese zyklische Entwicklung zeigt auf, daß die Verteilung

---

[83] Vgl.a. *Müller* (1960, 147): „[Alle] wirtschaftspolitischen Maßnahmen [...] beeinflussen Standortbedingungen und Standortgefüge im weitesten Sinne; eine standort-neutrale Wirtschaftspolitik gibt es daher nicht."

[84] Vgl. *Rüter* (1987, 381); *Krieger-Boden* (1995b, 212). - *Von Hayek* (1971, 436) führt im verwandten Bereich der Stadtplanung gleichfalls aus, daß externe Effekte einen Rechtsrahmen verlangen, um den Marktmechanismus zu verbessern. - Ebenso unterstreicht *Müller-Armack* (1946, 135, allg. 134-145), daß „die marktwirtschaftliche Regelung des Bauens" aus sich heraus noch keine „sinnvolle einheitliche Aufschließung von Stadtgebieten [...] gewährleisten" kann, „sondern erst eines festen Rahmens bedarf, um in ihm ihre wirtschaftliche Leistungsstärke zu zeigen."

langfristig kein Problem ist.[85] Aber genau deshalb treten auch *kurz- bis mittelfristig* soziale Härten auf.[86] Im Rahmen einer Sozialen Marktwirtschaft ist es geboten, diese Härten aus distributionspolitischen Gründen abzufangen. Es handelt sich durch die zyklische Entwicklung aber nur um eine befristete Notwendigkeit. Insbesondere muß die Politik in einem Rahmen geschehen, der die Wettbewerbsordnung aufrecht erhält - ansonsten würde der Strukturwandel behindert und damit sowohl die dynamische Effizienz der Marktlösung zerstört als auch der langfristige Ausgleich verhindert. Eine diskretionär interventionistische Raumwirtschaftspolitik würde die Funktionsfähigkeit des gesamten Preissystems als Grundprinzip einer Wettbewerbsordnung beeinträchtigen, da „[i]nfolge ihrer allgemeinen Interdependenz [...] alle einzelnen wirtschaftspolitischen Eingriffe Wirkungen auf den gesamten Wirtschaftsprozeß [ausüben]" (*Eucken* 1952, 254).

Desweiteren ist zu unterstreichen, daß eine Ausgleichspolitik *personal* und nicht *regional* ansetzen sollte: „Bedürftig sind nicht Regionen, sondern Menschen. Und bedürftig sind nicht alle Menschen in einer Region, sondern nur diejenigen mit geringerem Einkommen und Vermögen" (*Eekhoff* 1995, 317 f.). Deshalb muß sich die Angleichung der Lebensbedingungen auf Personen und nicht auf Regionen beziehen. Von daher kann aufgrund des Ausgleichsziels auch nicht unbedingt von der Notwendigkeit einer ausgleichenden *Regional*politik die Rede sein, sondern eher von einer ausgleichenden Sozialpolitik. Die Sicherung eines (regionalen oder individuellen) Mindestlebensstandards ist aber nicht mit einer flächendeckenden Nivellierung der Lebensumstände zu verwechseln (*van Suntum* 1984, 115).[87]

(3) **Stabilitätsziel:** Wie unter 3.4.2.(3) dargestellt wurde, ist dem stabilitätspolitischen Ziel einer Verringerung konjunktureller und struktureller Anfälligkeit eine weitgehende Diversifikation der regionalen Wirtschaftsstruktur zuträglich. Ansonsten „kann man die stabilitätspolitische Begründung als für die regionale Ebene wenig relevant vernachlässigen" (*Krieger-Boden* 1995b, 193 f.).

Auch durch eine supranationale **Integration**, durch die das wettbewerbliche Entdeckungsverfahren in einem noch größeren Wirtschaftsraum wirkt, werden agglomerierende und deglomerierende Kräfte jeweils nur erweitert (s. 3.5.). Da die Wirkungen also nicht in eine Richtung auftreten und über die Stärke der Effekte a priori keine Aussage

---

[85] S. entsprechend *Schüller* (1994, 95): „Entwicklungsunterschiede sind im Binnenmarktgeschehen als Momentaufnahmen flüchtige Erscheinungen. Angleichungen und Differenzierungen lösen sich in der Dynamik grenzüberschreitender Marktprozesse ständig ab."

[86] Vgl.a. *Bröckers* (1997, 32) regionalpolitisches Ergebnis sowohl der NEG als auch der NWT: „The case for equalizing regional policy got stronger on equity, but not on efficiency grounds."

[87] Als Indikator der Hilfsbedürftigkeit genügt das Pro-Kopf-Einkommen (PKE) alleine nicht, da dieses aufgrund höherer Bodenpreise und Mieten in Agglomerationen sowie verstärkter nichtmarktlicher Leistungen in ländlichen Gebieten (Nutzung eigener Gärten, Naturaltausch, familiäre Altersversorgung, etc.) den Wohlstand in den Agglomerationen systematisch überzeichnet (s. *Eekhoff* 1995, 318).

möglich ist, ist in diesem Zusammenhang generell kein zusätzlicher raumwirtschaftspolitischer Handlungsbedarf zu verzeichnen.

4.3. Zur Konzeption der Raumwirtschaftspolitik: Idealbildgeleitete Struktureingriffe vs. wettbewerbsfördernde Ordnungspolitik

Wie gesehen, führt der Markt von sich aus noch nicht zur Erfüllung der raumwirtschaftlichen Ziele. Gleichzeitig wurde aber auch deutlich, daß er nicht generell funktionsunfähig ist, sondern hauptsächlich einer angemessenen Rahmensetzung bedarf, um das Effizienz- und Ausgleichsziel zu erreichen. Es soll nun eingehender die zu empfehlende *Konzeption* der staatlichen Raumwirtschaftspolitik untersucht werden: Ist interventionistische Raumstrukturpolitik oder rahmensetzende Raumordnungspolitik eher zielführend?

(1) Tatsächlich betriebene Raumwirtschaftspolitik besteht zumeist darin, detaillierte raumwirtschaftliche Leitvorstellungen zu entwickeln, die durch eine **interventionistische Raumstrukturpolitik** realisiert werden sollen (s. *Krieger-Boden* 1995b, 202). Diese **Idealbilder**[88] der räumlichen Wirtschaftsstruktur beinhalten „ganz bestimmte Vorstellungen von der wünschenswerten Verteilung der Produktionsfaktoren im Raum" und werden in „ein flächendeckendes System staatlicher Zielvorgaben für die regionale Entwicklung" (*van Suntum* 1984, 110 f.) umgesetzt, das Art und Umfang der in den verschiedenen Regionen zu tätigenden Wirtschaftsaktivitäten umfaßt. „Als Aufgabe der Raumordnungspolitik wird dann nicht nur die Ordnung des Wettbewerbsprozesses im Raum verstanden, sondern auch die direkte oder indirekte Beeinflussung der privaten Entscheidungen hinsichtlich ökonomischer Handlungen" (*Gutmann* 1996, 179).

Der entscheidende Grund, weshalb diese Vorgehensweise das Effizienzziel (und damit langfristig auch das Verteilungsziel) verletzten *muß*, ist das unüberwindbar auftretende Informationsproblem (vgl. *Klemmer* 1978, 31-39). Die staatliche Handlungsinstanz müßte im Besitz einer Vielzahl von Informationen über Produktionsfunktionen, Nachfrageverhalten, künftige Innovationen, Größe von externen Effekten und anderes mehr sein, die aber in der Realität nur weit verstreut als „Kenntnis der besonderen Umstände von *Ort* und *Zeit*" (*von Hayek* 1976, 107; Hervorhebung nicht im Original) vorhanden sind oder in einem trial-and-error-Verfahren erst entdeckt werden müssen. Auch bei der Beurteilung der regionalpolitischen Konsequenzen der NEG und NWT tritt dieser Schluß wiederholt auf: „Die erforderlichen weitreichenden Informationen sind [...] nicht verfügbar" (*Krieger-Boden* 1995b, 211), das Informationsproblem ist „praktisch nicht lösbar" (*Bode* 1997, 136). Deshalb ist es eine „**Anmaßung von Wissen**" (*von*

---

[88] *Van Suntum* (1984) spricht in diesem Zusammenhang von „*leitbildorientierter* Regionalpolitik" und meint damit ein detailliertes flächendeckendes Bild, eine Zielvorstellung, die es anzustreben gelte. Hier wird aus Gründen der begrifflichen Klarheit der Begriff „Idealbild" gewählt, da „Leitbild" durchaus auch im Sinne einer Politik der Rahmengebung und des Unterlassens interventionistischer Maßnahmen benutzt wird. So bezeichnet *Müller-Armack* (1962, 293-295) die Soziale Marktwirtschaft als Leitbild, und *Schüller* (1993, 131) schlägt Internalisierungsregeln und eine Verfassung des Wettbewerbs als Leitbild vor.

Hayek 1975), eine interventionistische Raumstrukturpolitik betreiben zu wollen. Aus diesem Grunde ist die Bestimmung eines Ballungsoptimums ebensowenig möglich (vgl. *Krätzschmar* 1995, 47 f.) wie *Gierschs* (1964, 392) Vorschlag, das „Entwicklungspotential der einzelnen Regionen" quantitativ abzuschätzen (vgl. *Schneider* 1968, 7).

Da sich die Wirtschaft in einem ständigen Wandel gerade auch der räumlichen Struktur befindet (s. 3.4.), folgen daraus „selbst unter der Annahme, daß ein Optimum zu einem fixen Zeitpunkt ermittelbar wäre, noch keine zwingenden Hinweise für zukünftige regionalpolitische Maßnahmen" (*Krätzschmar* 1995, 49). Deshalb verlangt der ständige strukturelle Wandel eine *dynamische* Betrachtung.[89] Ein angestrebtes *statisches* Idealbild muß zwangsläufig zu einer Verhinderung des für die Entwicklungsangleichung notwendigen Strukturwandels führen (vgl. *Schüller* 1984, 96).

Kloten (1968, 27, 30 f.) macht darauf aufmerksam, daß regionalpolitische Konzeptionen, die sich auf ein Idealbild beziehen, zumeist erheblichen Ermessensspielraum bei der Umsetzung offenlassen und damit der Willkür, der Indeterminiertheit, dem Subjektivismus und scheinlogischen Erklärungen eine breite Tür öffnen. „Die Vorstellungen vom wünschenswerten Sollzustand bleiben somit mehr als vage, so daß eher von einem 'Nirwana' als von einer konkret bestimmbaren Situation gesprochen werden kann, die als Vergleichsgröße zu den Ergebnissen der marktwirtschaftlichen Ordnung herangezogen wird" (*Krätzschmar* 1995, 46).[90]

Für eine idealbildorientierte Vorgehensweise der Raumwirtschaftspolitik gilt also eine „*[prinzipielle] Unvereinbarkeit* mit der Marktwirtschaft, denn diese Politik präjudiziert Markt*ergebnisse*, wo sie Markt*daten* verbessern sollte, und sie manipuliert *private* Standortentscheidungen, wo eigentlich Korrekturen im *öffentlichen* Sektor angebracht wären. Damit erfüllt sie alle Merkmale eines *punktuellen Interventionismus*, dem [...] kein ordnungspolitisches Konzept zugrundeliegt" (*van Suntum* 1984, 126; vgl. ebenso *Müller* 1960, 185).[91]

(2) Der einzige Weg, auf dem das o.g. verstreute Wissen in der Realität genutzt werden kann, besteht im **Entdeckungsverfahren des Wettbewerbs** (vgl. 3.4.2.(3)). Die „besondere[n] Kenntnisse der örtlichen Verhältnisse" (*von Hayek* 1971, 438) können nur durch das Preissystem als Mechanismus zur Vermittlung der Informationen genutzt werden. Wie unter 4.2. abgeleitet, bedarf ein funktionsfähiges Preissystem in räumlicher

---

[89] Vgl. ebenso *Müller-Armack* (1960, 282): „Diese Aufgabe, angesichts der dynamischen Kräfte unserer Technik ein sinnvolles Gleichgewicht der räumlichen Umwelt der Menschen herzustellen, darf nicht statisch aufgefaßt werden im Sinne einer nur restaurativen Raumpolitik."

[90] S. *Fürst, Klemmer* und *Zimmermann* (1976, 8 f.): „Insofern muß der für [diesen] Begründungsversuch relevante Soll-Ist-Vergleich aufgrund unzureichender Vorstellungen vom Soll-Zustand von vornherein scheitern."

[91] Vgl. hierzu *Zimmermann* (1996, 146 f.), der verneint, daß das Ergebnis der Gesamtheit der einzelnen, für sich genommen verständlichen Eingriffe in die regionale Wirtschaftsstruktur als zufriedenstellend bezeichnet werden kann.

Hinsicht einer rahmensetzenden Raumordnungspolitik, die externe Effekte internalisiert und eine künstliche Verzerrung der Marktsignale verhindert.

Damit auch die staatlichen Eingriffe diesem Entdeckungsverfahren unterzogen werden können, ist ein Wettbewerb der regionalen Institutionen erforderlich (s. 3.3.3.). Im Rahmen eines föderativen Staatsaufbaus können bei Einhaltung des Prinzips der fiskalischen Äquivalenz die jeweils besten Institutionen entdeckt werden. Ein System des fiskalischen Föderalismus erlaubt bei fiskalischer Gleichbehandlung der Wirtschaftssubjekte in allen Regionen Konkurrenz zwischen den Räumen, die durch die dezentral verteilte Eigenverantwortung der Regionen den öffentlichen Sektor dem wettbewerblichen Steuerungsmechanismus unterwirft.[92] Der durch geeignete Rahmensetzung erfüllte funktionsfähige Wettbewerb reicht aus, um eine bestmögliche Wirtschaftspolitik zu erzwingen. „Eine Notwendigkeit für Regionalpolitik besteht jedenfalls um so weniger, je zweckmäßiger die Institutionen gestaltet sind" (*Krieger-Boden* 1995b, 208).

(3) Die theoretische Analyse im 3. Kapitel hat gezeigt, daß die Realität nicht so einfach ist, wie einige der abstrahierenden Modelle glauben machen wollen. Die Wirtschaft ist, gerade auch in ihrer räumlichen Struktur, ein sehr komplexes System. Für Einzelfallprognosen entstehen unüberwindbare Informationsprobleme, die nur durch den Wettbewerb als Verfahren zur Entdeckung neuen und verstreuten Wissens gelöst werden können. Der Mangel an Wissen auf staatlicher Ebene macht eine zieladäquate interventionistische Raumstrukturpolitik unmöglich. Eine idealbildorientierte Vorgehensweise, in der „[s]taatliche Träger von Wirtschaftspolitik versuchen [...], den räumlichen Aspekt des Wirtschaftssystems nicht der wettbewerblichen Gestaltung zu überantworten, sondern politisch zu formen [...], ist [...] wettbewerbsinadäquat oder gar wettbewerbszerstörend, also eindeutig **ordnungsinkonform**" (*Gutmann* 1996, 179). Eine eigenständige Regionalpolitik in diesem Sinne stellt einen „Fremdkörper" (*van Suntum* 1984, 126) in der Marktwirtschaft dar.

Die zieladäquaten (effizienten und weitgehend ausgleichenden) Ergebnisse der vorgestellten dynamischen *Markt*theorie des Raumes ergeben sich nur, wenn **wettbewerbliche Märkte** etabliert sind. Bei einer entsprechenden Rahmensetzung durch den Staat kommt es durch die Marktkräfte nicht zu einer uneingeschränkten Zentralisation der Wirtschaftstätigkeit, sondern zu einer dynamischen Entwicklung der Raumstruktur, bei der es Grenzen der Agglomeration gibt. Agglomerationen können durchaus nicht per se als negativ angesehen werden, weil sie (z.B. durch die Wissensdiffusion) die Effizienz der Wirtschaft und damit den gesamtwirtschaftlichen Wohlstand erhöhen. Da Verdichtungen der Wirtschaftstätigkeit als Wachstumspole positiv auf das periphere Umland wirken, ist die „Entballung von Industrieräumen" ein „[r]omantische[s] Ideal" (*Müller-Armack* 1960, 281), das den raumwirtschaftlichen Zielvorgaben widerspricht und von der eigentlichen Aufgabe der Raumordnungspolitik ablenkt.[93]

---

[92] S. *van Suntum* (1984, 123-126); *Gutmann* (1996, 180 f.); *Eekhoff* (1995, 320 f.).

[93] Anderer Ansicht ist dagegen *Röpke* (1942, 308 f., 351, s.a. 292): „[Es gibt] einen genau abzugrenzenden Sektor, der einer echten planwirtschaftlichen Regelung zu unterwerfen ist.

4.4. Die Umsetzung der Raumwirtschaftspolitik in der Europäischen Union

4.4.1. Die Realität der EU-Regionalpolitik: Staatliche Intervention in die Raumstruktur

4.4.1.1. Skizzierung der EU-Regionalpolitik

Wie sieht nun die reale Umsetzung der Raumwirtschaftspolitik in der Europäischen Union aus? Das in Art. 2 des Vertrags zur Gründung der Europäischen Gemeinschaft (EGV) festgelegte **Kohäsionsziel** wird in Art. 130a bis 130e (Titel XIV des Vertrags) näher ausgeführt.[94] So setzt Art. 130a (2) explizit das Ziel, „die Unterschiede im Entwicklungsstand der verschiedenen Regionen und den Rückstand der am stärksten benachteiligten Gebiete, einschließlich der ländlichen Gebiete, zu verringern."[95] An dieser Formulierung wird bereits deutlich, daß die EU-Regionalpolitik insbesondere das Ausgleichsziel verfolgt, obwohl oftmals eine wachstumspolitische Motivation beteuert wird. Die EU verfügt über mehrere Politikbereiche mit gezielt räumlicher Ausrichtung. Neben der EU-Regionalpolitik (1), zu verstehen als regional diskriminierende Wirtschaftsförderung, übt auch die wettbewerbliche Beihilfenkontrolle (2) Einfluß auf die räumliche Wirtschaftsstruktur aus. Desweiteren besteht auf EU-Ebene das Bestreben, die Zusammenarbeit in der Raumplanung in einem expliziten europäischen Raumentwicklungskonzept (3) festzuschreiben. Darüber hinaus haben auch andere EU-Politikbereiche Einfluß auf die räumliche Wirtschaftsentwicklung, auf die hier nicht im Detail eingegangen werden kann. Gleiches gilt für die verschiedenen nationalen und regionalen raumrelevanten Maßnahmen.

Der Bereich dieser *Planwirtschaft* ist vor allem durch die Aufgaben bestimmt, die man neuerdings unter dem Ausdruck 'Landesplanung' (oder auch bombastischer 'Raumplanung') zusammenfaßt." - „Das setzt [...] in aller Regel eine Dezentralisierung der Industrien über das flache Land und die Kleinstädte und eine Landesplanung voraus, die der großstädtisch-industriellen Zusammenballung entgegenwirkt."

[94] Vgl.a. das 15. Protokoll zum Vertrag über die Europäische Union (EUV, Maastricht-Vertrag) „über den wirtschaftlichen und sozialen Zusammenhalt".

[95] Die Formulierung des Art. 2 und die Art. 130a bis 130e wurden erst im Zuge der Einheitlichen Europäischen Akte in den EGV aufgenommen. Zuvor forderte schon 1957 die Präambel des Vertrags zur Gründung der Europäischen Wirtschaftsgemeinschaft (EWG), „den Abstand zwischen einzelnen Gebieten und den Rückstand weniger begünstigter Gebiete zu verringern" (s. *Krätzschmar* 1995, 80).

Abbildung 12: Fördergebiete im Rahmen der regionalen Ziele der Strukturfonds (1994-1999)

≡ Ziel 1   (Wirtschaftliche Anpassung der Regionen mit Entwicklungsrückstand)
　Ziel 2   (Wirtschaftliche Umstellung der Gebiete mit rückläufiger industrieller Entwicklung)
■ Ziel 5b (Wirtschaftliche Diversifizierung der ländlichen Gebiete)
||||| Ziel 6 (Entwicklung der extrem dünn besiedelten Regionen)

Quelle: Auf der Grundlage von *Europäische Kommission* (1997b, I)

(1) Die **EU-Regionalpolitik**[96] wird weitgehend mit den Fördermitteln der drei **Strukturfonds** betrieben.[97] Diese haben von 3,7 Mrd. ECU 1985 über 18,3 Mrd. ECU 1992 auf 33 Mrd. ECU 1999 ständig und beträchtlich zugenommen. Sie nehmen mittlerweile ein Drittel des gesamten EU-Budgets und 0,45% des BIP der Gemeinschaft ein (*Europäische Kommission* 1997a, 9). Unterstützt werden vier Arten von **Zielgebieten**: Ziel-1-Gebiete sind Regionen mit Entwicklungsrückstand (z.b. ganz Griechenland, Portugal und Irland; Süditalien, Nordschottland und die neuen deutschen Bundesländer), Ziel-2-Gebiete bilden Industriegebiete mit rückläufiger Entwicklung (z.b. Teile des Ruhrgebiets, Nordenglands und Nordfrankreichs), Ziel-5b-Gebiete entsprechen ländlichen Regionen mit niedrigem Entwicklungsstand (z.b. weite Teile Schleswig-Holsteins, Nordbayerns, Wales und Südfrankreichs) und Ziel-6-Gebiete sind sehr dünn besiedelte Regionen (Nordschweden und -finnland).[98] Aus der Karte der derzeitigen Fördergebiete (Abbildung 12) wird deutlich, daß damit ein Großteil der *Fläche* der EU abgedeckt wird. Über 50% (!) der EU-Gesamt*bevölkerung* kommen für eine Regionalförderung in Betracht (s. Tabelle 3). Tabelle 4 zeigt die Verteilung der Mittel zwischen den einzelnen Zielen und Mitgliedstaaten, wobei eine relative Konzentration auf das Ziel 1 und auf die ärmsten Staaten deutlich wird. In Portugal, Griechenland und Irland erreichen die Gemeinschaftszuschüsse einen Anteil von 2,3% bis 3,5% des BIP (*Ridinger* 1992, 651)!

---

[96] Die Darstellung der EU-Regional- und Kohäsionspolitik wird hier bewußt knapp gehalten, da es der vorliegenden Untersuchung um die ordnungspolitische Bewertung dieser Politik geht. Für ausführliche aktuelle Darstellungen und als Quellen der hier vorgebrachten Ausführungen vgl. *Europäische Kommission* (1995a; 1996; 1997a); *Armstrong* (1994); *Armstrong, Taylor* und *Williams* (1994); *Armstrong* und *Taylor* (1993); *Hitiris* (1994, 221-237); *Krätzschmar* (1995, 79-131); *Waniek* (1994); *Ridinger* (1992).

[97] Dazu gehören der Europäische Fonds für regionale Entwicklung (EFRE), der Europäische Sozialfonds (ESF) und der Europäische Ausrichtungs- und Garantiefonds für die Landwirtschaft, Abteilung Ausrichtung (EAGFL-A); sowie seit 1993 zusätzlich das Finanzinstrument für die Anpassung der Fischerei (FIAF). Darüber hinaus verwalten auch der mit dem Vertrag von Maastricht errichtete Kohäsionsfonds zur Förderung von Umwelt- und Verkehrsprojekten in den vier ärmsten Mitgliedstaaten (insb. transeuropäische Verkehrsnetze, s. Art. 129b bis 129d des EGV; *Vickerman* 1995; *Wink* 1996) und die Europäische Investitionsbank (EIB) raumbezogene Mittel.

[98] Die restlichen Ziele der Strukturfonds (Ziel 3: Bekämpfung von Langzeit- und Jugendarbeitslosigkeit; Ziel 4: Erleichterung der Anpassung der Arbeitskräfte an den industriellen Wandel; Ziel 5a: beschleunigte Anpassung der Agrarstruktur) haben keine explizit raumwirtschaftliche Ausrichtung.

Dynamische Raumwirtschaftstheorie und EU-Regionalpolitik

Tabelle 3: Anteil der Bevölkerung, der für eine Förderung im Rahmen der regionalen Ziele in Betracht kommt (in Prozent der Gesamtbevölkerung)

	Ziel 1	Ziel 2	Ziel 5b	Ziel 6	Insgesamt
BEL	12,8	14,0	4,5	-	31,3
DK	-	8,8	7,0	-	15,8
D	20,7	8,8	9,6	-	39,1
GR	100,0	-	-	-	100,0
E	58,2	20,3	4,4	-	82,9
F	4,4	25,9	17,3	-	47,6
IRL	100,0	-	-	-	100,0
I	36,6	10,8	8,4	-	55,8
L	-	34,2	7,8	-	42,0
NL	1,5	17,3	5,4	-	24,2
A	3,5	8,2	28,9	-	40,6
P	100,0	-	-	-	100,0
SF	-	15,5	21,5	16,6	53,6
S	-	11,0	8,6	5,0	24,6
UK	6,0	31,0	4,9	-	41,9
EU-15	25,0	16,4	8,8	0,4	50,6

Quelle: *Europäische Kommission* (1996, 7)

Tabelle 4: Verteilung der Strukturhilfen nach Zielen und Ländern 1994-1999

	Ziel 1	Ziel 2	Ziele 3+4	Ziel 5a	Ziel 5b	Ziel 6	GI[1]	Insges.	Insgesamt Mio. ECU[3]	Pro Kopf[2] ECU[3]
	in Prozent der EU-weiten Ausgaben für das jeweilige Ziel									
BEL	0,8	2,2	3,1	2,8	1,1	0,0	2,0	1,4	2.096	210
DK	0,0	0,8	2,0	3,9	0,8	0,0	0,7	0,6	843	162
D	14,5	10,2	12,8	16,5	17,9	0,0	15,7	14,2	21.724	270
GR	14,9	0,0	0,0	0,0	0,0	0,0	8,2	9,9	15.131	1.469
E	28,0	15,7	12,1	6,4	9,7	0,0	19,7	22,5	34.443	881
F	2,3	24,6	21,1	27,9	32,6	0,0	11,4	9,8	14.938	260
IRL	6,0	0,0	0,0	0,0	0,0	0,0	3,4	4,0	6.103	1.744
I	15,8	9,5	11,3	11,8	13,1	0,0	13,5	14,1	21.646	374
L	0,0	0,1	0,2	0,6	0,1	0,0	0,1	0,1	104	260
NL	0,2	4,2	7,1	2,4	2,2	0,0	3,0	1,7	2.615	172
A[4]	0,2	0,6	2,5	5,5	5,9	0,0	1,0	1,0	1.574	199
P	14,9	0,0	0,0	0,0	0,0	0,0	7,5	9,8	15.038	1.534
SF[4]	0,0	1,2	2,2	5,0	2,8	64,6	1,1	1,1	1.652	330
S[4]	0,0	1,0	3,4	2,9	2,0	35,4	0,9	0,9	1.377	158
UK	2,5	29,8	22,2	6,5	11,9	0,0	11,2	8,6	13.155	228
EU-15	100,0	100,0	100,0	100,0	100,0	100,0	100,0	100,0	153.038[5]	415[5]
	Ausgaben je Ziel in Prozent der Gesamtausgaben									
EU-15[5]	61,4	10,0	9,9	4,5	4,5	0,5	9,2	100,0		

[1] Gemeinschaftsinitiativen. [2] Insgesamt. Stand der Bevölkerungszahlen: Mitte 1992.
[3] Zu Preisen von 1994. [4] Zeitraum 1995-1999 (neue Mitgliedstaaten).
[5] Einschließlich der Beträge, die nicht auf die Mitgliedstaaten verteilt wurden (nur bei Ziel 5a und GI).

Quelle: Eigene Berechnungen auf der Grundlage von Strukturhilfezahlen aus *Europäische Kommission* (1996, 15) und von Bevölkerungszahlen aus dem Fischer Weltalmanach 1995

Die strukturpolitischen Aktivitäten unterliegen den Grundsätzen der *Konzentration* der Mittel auf die wichtigsten regionalpolitischen Probleme, der *Koordination* der zahlreichen raumbezogenen EU-Politikbereiche und der *Partnerschaft* zwischen der EU-Ebene und den nationalen, regionalen und lokalen Behörden. Gemäß dem Grundsatz der *Additionalität* sollen die EU-Mittel die nationalen Mittel ergänzen und nicht ersetzen. Im Rahmen einer Programmplanung unterstützen die Fördermittel mehrjährige Programme mit zahlreichen Einzelprojekten und Initiativen.[99] Die Programme beruhen stets auf einem Vorschlag der zuständigen nationalen Behörden und werden von nationalen oder regionalen Behörden durchgeführt,[100] sobald sie von der EU-Kommission genehmigt sind. Allerdings wird in der Praxis (im Urteil des EG-Rechnungshofs) hauptsächlich nach dem „top-down"-Prinzip geplant, so daß die Kommission immer mehr zur bestimmenden Institution wird (s. *Krätzschmar* 1995, 111, 224 f.).

Die Mittel der Strukturfonds bestehen in nichtrückzahlbaren Zuschüssen (Subventionen, im Sprachgebrauch der EU als Beihilfen bezeichnet), die in drei Bereichen eingesetzt werden: für Infrastrukturinvestitionen (z.B. Verkehr, Telekommunikation, Energie, Wasserversorgung, Umweltschutz; derzeit 30% der Mittel), zur Stärkung von Bildung und Ausbildungssystemen (inkl. Arbeitsmarktpolitik; 30%) sowie für produktive Investitionen (Investitionshilfen für die Industrie; 40%).

(2) Die **Beihilfenaufsicht** der EU über die Regionalförderung der Mitgliedstaaten ist Teil der wettbewerbsrechtlichen Bestimmungen des EGV (vgl. *Krätzschmar* 1995, 119-128).[101] Es liegt im Ermessen der Kommission, entsprechend der Dringlichkeit der vorliegenden wirtschaftlichen Probleme für jede einzelne Region die maximal zulässige Beihilfenintensität festzusetzen. Die von der EU selbst gewährten Beihilfen werden allerdings nicht explizit einer Kontrolle mit gleichen Maßstäben unterzogen. Während das Zulassen von Ausnahmebereichen die europäische Wettbewerbsordnung grundsätzlich gefährdet, wird die Beihilfenaufsicht zusätzlich für ausgleichspolitische Zielsetzungen benutzt, indem die Kommission bei der Beurteilung von Regionalbeihilfen selektiv-interventionistisch zugunsten der ärmeren Mitgliedstaaten unterschiedliche Maßstäbe an-

---

[99] Im Rahmen eines mittelfristigen dreiphasigen Prozesses unterbreitet der Mitgliedstaat der EU-Kommission zunächst in Abstimmung mit den regionalen Behörden einen Entwicklungsplan. Auf dessen Basis handeln Kommission und nationale Behörde ein Gemeinschaftliches Förderkonzept aus, welches dann in vom Mitgliedstaat vorgeschlagenen und von der Kommission genehmigten Programmen umgesetzt wird. Neuerdings kann der Prozeß auf zwei Phasen verkürzt werden. Neben diesen Programmen auf Initiative des Mitgliedstaats gibt es Programme auf Gemeinschaftsinitiative, deren Leitlinien die Kommission aufstellt.

[100] Einzige Ausnahme sind die sog. innovativen Maßnahmen. Dies sind experimentelle neue Politikansätze (Studien, Pilotprojekte, Netze), die die Kommission auf eigene Initiative finanzieren kann.

[101] Gemäß Art. 92 (1) des EGV sind wettbewerbsverzerrende staatliche Beihilfen grundsätzlich unzulässig. Als möglicher Ausnahmefall werden unter Art. 92 (3a) „Beihilfen zur Förderung der wirtschaftlichen Entwicklung von Gebieten, in denen die Lebenshaltung außergewöhnlich niedrig ist", genannt.

Dynamische Raumwirtschaftstheorie und EU-Regionalpolitik   · 65 ·

setzt (s. *Waniek* 1992, 20-23).[102] Der Beispielfall von Volkswagen in Sachsen, wo Investitionsvorhaben durch nationale und regionale Behörden subventioniert werden sollten, hat deutlich werden lassen, daß der EU-Kommission im Bereich nationaler Raumwirtschaftspolitik Einspruchsrechte zustehen.[103]

Der den ärmeren Regionen de jure gewährte größere regionalpolitische Spielraum wird allerdings zumeist aufgrund der begrenzten budgetären Möglichkeiten der ärmeren Staaten de facto nicht genutzt, so daß die reicheren Staaten pro Kopf im Endeffekt mehr staatliche regionale Subventionen ausgeben als die ärmeren. Damit arbeiten EU- und nationale Mittel in entgegengesetzter Richtung. Große Summen staatlicher Förderung werden überall im EU-Gebiet verteilt, ohne daß spezielle Gebiete einen klaren Vorteil erhalten (*Martin* und *Schulze Steinen* 1997, 30). Dies stellt zweifellos eine ökonomisch ineffiziente Verschwendung von Ressourcen dar.

(3) Zwar hat die EU rechtlich gesehen keine Kompetenz in der **Raumentwicklungsplanung**, sie betreibt aber „faktisch 'europäische Raumentwicklungspolitik'" (*Krautzberger* 1995, 193). Als raumordnungspolitische Konsequenz wird „eine hinreichend klare und in ihren wesentlichen Einzelheiten konsistente Vorstellung von der erstrebten zukünftigen räumlichen Struktur des Gesamtraumes [...], also eine Raumordnungskonzeption" (*Treuner* 1995, 270) gefordert. Dem haben die Mitgliedstaaten entsprochen, indem sie auf mehreren informellen Treffen der EU-Raumordnungsminister eine freiwillige Koordination ihrer Raumentwicklungspolitik untereinander und mit den Maßnahmen der Kommission beschlossen haben.[104] Es wird ein „Europäisches Raumentwicklungskonzept" angestrebt, das die Regionalpolitik einbetten soll (s. *Europäische Kommission* 1996, 17).[105]

Als Leitbild wird explizit auf eine „dezentrale Konzentration" verwiesen, die in Deutschland bereits verfolgt und als conditio sine qua non für die Entwicklung der Raumstruktur Europas angesehen wird (*BMBau* 1993, 20). Verstanden wird darunter auf deutscher Seite ein „polyzentrische[s] und möglichst ausgeglichene[s] System von Stadtregionen, das eine übermäßige Konzentration auf einige Großzentren und die

---

[102] Vgl. *Krätzschmar* (1995, 128): „Im Laufe der letzten Jahre ist [...] eine tiefgreifende Änderung im Bereich der Beihilfenaufsicht zu beobachten: Es findet eine Verlagerung des Schwerpunkts von der wettbewerbspolitischen Aufgabe hin zu ausgleichs- und kohäsionspolitischen Zielsetzungen statt".

[103] Für eine - z.T. unterschiedliche - Bewertung des Falls s. *Waniek* (1996); *Lammers* (1996); *Nägele* (1996).

[104] Zur Entwicklung der europäischen Raumentwicklungspolitik vgl. *von Malchus* (1995). - Auf der Grundlage des Strategiepapiers „Europa 2000+" (*Europäische Kommission* 1995b; s.a. 1995c) bildet das beim Raumordnungsministertreffen 1994 in Leipzig behandelte Dokument „Grundlagen einer Europäischen Raumentwicklungspolitik" (*BMBau* 1995) die politische Basis für die weitere Zusammenarbeit.

[105] Das Konzept ist nicht verbindlich und „wird von jedem Land nur so weit berücksichtigt, wie dieses europäischen Raumordnungsaspekten in seiner nationalen Politik Rechnung tragen möchte." (*BMBau* 1995, V)

Marginalisierung der Randgebiete zu vermeiden sucht" (*BMBau* 1995, 7). Auf nationaler Ebene wird es überwiegend durch eine Förderung von Mittelzentren im ländlichen Raum umgesetzt. Dem genau entgegengesetzt wird auf EU-Ebene angestrebt, „die bestehenden Zentren von europäischer Bedeutung aufrechtzuerhalten und zu fördern" (*ARL/DATAR* 1992, 62). Damit hat die „raumordnungspolitische Umsetzung des Leitbildes der dezentralen Konzentration [...] auf völlig unterschiedlichen Ebenen (EG bzw. Europa - Bundesrepublik Deutschland) eine völlig andere Bedeutung, wird mit unterschiedlichen Instrumentarien angestrebt und führt zu unterschiedlichen Auswirkungen" (*Mertins* 1993, 113). Genau wie bei der Beihilfenvergabe ist also auch bei der Raumentwicklungspolitik ein ökonomisch ineffizientes Gegeneinanderwirken von EU- und nationaler Ebene unübersehbar. Gleichzeitig wird an der Zielsetzung einer konkreten Entwicklung der Agglomerationen die immer stärkere Ausrichtung auf ein **Idealbild** deutlich, das durch zentrale staatliche Planung realisiert werden soll.

Abbildung 13: Raumstrukturmodell Europas: Grundlegende Strukturen und Dynamiken

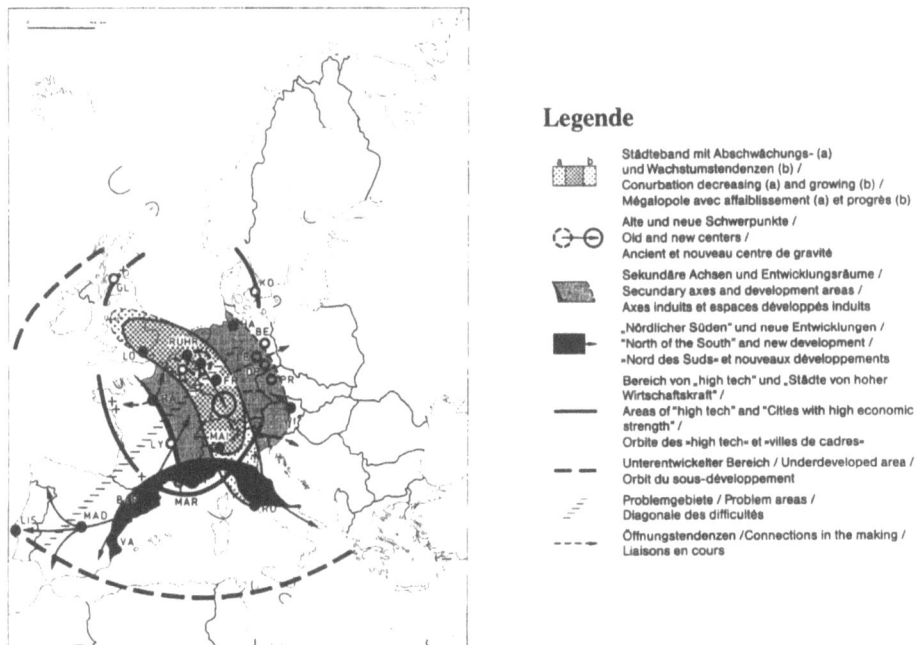

Quelle: *ARL/DATAR* (1992: A-22f, Abbildung 9, Version 1)

Explizit wird dabei an das Raumstrukturmodell der sog. „**blauen Banane**" gedacht, das eine Zone hoher Siedlungs- und Infrastrukturdichte von London über die Randstad Holland, das Ruhrgebiet, die Rheinschiene, München und die Schweiz bis nach Mailand beschreibt (s. Abbildung 13; vgl. *ARL/DATAR* 1992, 34 f.; *Mertins* 1993, 109 f.). Bei genauerer Betrachtung der Landkarte europäischer Agglomerationen (s. Abbildung 14) wird aber deutlich, daß es „auch außerhalb dieser Rheinachse starke und sich dynamisch entwickelnde städtische Zentren gibt, wie etwa im Pariser Becken oder in Katalonien" (*ARL/DATAR* 1992, 35). Als weitere Beispiele seien der gesamte sog. „Sunbelt" am Mittelmeer (Nordspanien, Südfrankreich und die Adria; s. *Schätzl* 1993, 26) und die großen Agglomerationen Berlin und Athen genannt.

4.4.1.2. Kritik der EU-Regionalpolitik

Als Kritikpunkte an der europäischen Raumwirtschaftspolitik sind sowohl **prozeß-politische Probleme** als auch ordnungspolitische Grundsatzprobleme zu nennen. Während die vorliegende Untersuchung sich auf letztere konzentriert, seien auch kurz die prozeßpolitischen angesprochen, da diese unumstößlich mit der ordnungspolitischen Konzeption zusammenhängen. Wie bereits gesehen, arbeiten die verschiedenen Verwaltungsebenen (insb. national und EU) vielfach gegeneinander. Derartige Koordinierungsdefizite treten auch zwischen den einzelnen regionalpolitischen Instrumenten und raumwirksamen Politikbereichen der EU auf. Dies ist eine zwangsläufige Folge der Überregulierung, die aus der interventionistischen Konzeption folgt. Der ständig zunehmende Verwaltungsaufwand führt zu einer effizienzmindernden Überbürokratisierung.[106] Damit befindet sich die EG-Regionalförderung auf dem besten Wege, sich zu einer „zweiten EG-Agrarpolitik" zu entwickeln (*Ridinger* 1992, 654). „Durch das Dickicht an vertraglichen Vorschriften, Einzelverordnungen, Programmen und Projekten kann [...] kaum nachvollzogen werden, inwieweit die Umsetzung [der] Konzeption gelingt" (*Krätzschmar* 1995, 152). Ein Sonderbericht des EG-Rechnungshofs hat offengelegt, daß die Förderprinzipien und -kriterien in der Praxis letztlich kaum beachtet werden (s. *Ridinger* 1992, 653 f.). Schließlich kann die unzulängliche Regionenabgrenzung raumökonomisch sinnvolle Abgrenzungen wie etwa Agglomeration vs. Peripherie nicht abbilden, da sie auf verwaltungstechnischen Vorgaben beruht und damit politische Willkürakte bei der Fördergebietsselektion fördert.[107]

---

[106] *Krätzschmar* (1995, 224) führt an, daß „allein für Spanien bisher nicht weniger als 26.000 [!] Einzelprojekte durch den EFRE bezuschußt worden sind, so [daß es] nicht verwunderlich [ist], daß selbst in den zuständigen Verwaltungsstellen Unklarheit über aktuell gültige Regelungen und Maßnahmen herrscht." Dies wird in krassester Weise dadurch veranschaulicht, daß „der Rechnungshof der Gemeinschaft im Rahmen seiner Überprüfungen die nationalen Behörden darauf hinweisen mußte, daß bestimmte Projekte bereits eingestellt waren" (*Krätzschmar* 1995, 113)!

[107] S. *Martin* und *Schulze Steinen* (1995, 2); *Waniek* (1994, 47). - Dies dürfte auch ein Grund dafür sein, daß eine *zusätzliche* Raumentwicklungsplanung überhaupt als notwendig erachtet wird.

Abbildung 14: Agglomerationen, Entwicklungszentren und Hauptverbindungen von europäischer Bedeutung

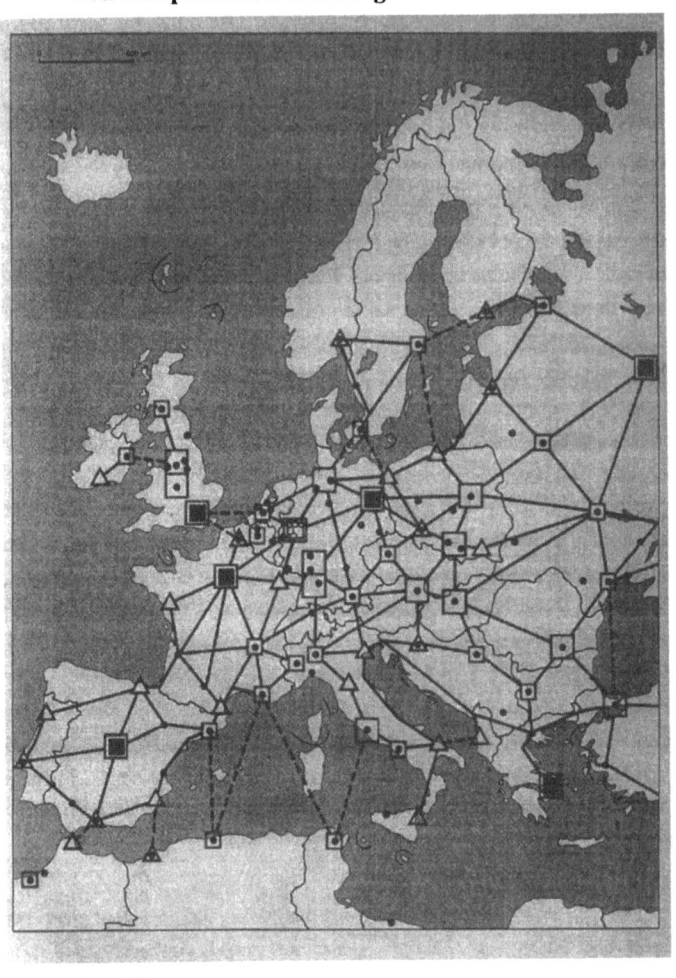

Quelle: *ARL/DATAR* (1992, A-28f, Abbildung 12)

Die prozeßpolitischen Probleme sind zu einem guten Teil auf die **ordnungspolitische Konzeption** der EU-Regionalpolitik zurückzuführen. Sie besteht in gezielten **diskretionären Struktureingriffen**. Es werden selektiv Infrastruktur- und Ausbildungsprogramme gefördert sowie Subventionen an die Industrie ausgegeben. Damit gelten gegen sie alle Einwände, die in 4.3. gegen eine interventionistische Raumstrukturpolitik vorgebracht wurden. Die selektive Regionalförderung erschwert oftmals den notwendigen Strukturwandel, läßt unternehmerische Anstrengungen und Findigkeiten erlahmen und löst allzu oft lediglich Mitnahmeeffekte aus. Dabei werden viele raumwirtschaftliche Probleme erst durch staatliche Eingriffe künstlich geschaffen (s. 4.2.(1); vgl. *Krätzschmar* 1995, 227 f.; *Schüller* 1993, 132 f.). Auch der diskretionäre Ermessensspielraum der Kommission bei der Beihilfenaufsicht ist aus ordnungspolitischer Sicht zu kritisieren (s. *Waniek* 1992, 23). Elemente einer rahmensetzenden Raumordnungspolitik sind in der EU-Regionalpolitik kaum zu erkennen: Sie kuriert an den Symptomen, ohne sich mit den grundlegenden Ursachen zu beschäftigen (*Thomas* 1996, 19). Das Europäische Raumentwicklungskonzept steht sogar in dem Verdacht, ein weitgehend statisches Idealbild der räumlichen Wirtschaftsstruktur anzustreben.

Darüber hinaus scheint die ordnungspolitische Konzeption darauf abzuzielen, immer mehr Entscheidungs- und Lenkungskompetenzen auf der EU-Ebene zu konzentrieren. Durch diese **Zentralisation** wird das generell bei staatlicher Planung bestehende Informationsproblem noch verstärkt: Die EU-Behörden dürften weit weniger über die speziellen regionalen Probleme informiert sein als regionale Behörden (s. *Schrader* 1993, 152; *Krätzschmar* 1995, 227 f.). Diese zentralistische Kompetenzzuweisung widerspricht grundlegend dem in Art. 3b des EGV festgeschriebenen Subsidiaritätsprinzip (s. 4.2.(1); vgl. *Eekhoff* 1995, 324; *Döring* 1993, 65-81, 128 f.), da die meisten Aufgaben der Regionalpolitik auf nationaler bzw. regionaler Ebene weitaus besser ausgeführt werden könnten. Sie steht auch dem Prinzip der fiskalischen Äquivalenz entgegen, da der Kreis der Nutznießer von EU-Fördermaßnahmen bei weitem nicht mit dem der Kostenträger übereinstimmt (s. *Waniek* 1992, 23; 1994, 48 f.).

Die Kommission zeigt „wenig Bereitschaft zu Selbstkritik" (*Ridinger* 1992, 652), was sich erneut an der Evaluierung ihrer Strukturpolitik als ein „Jahrzehnt der Erfolge" (*Europäische Kommission* 1997a, 93) zeigt. Auch nach zweimaliger Verdopplung der regionalpolitischen Mittel von 1989-1993 und von 1994-1999 werden weiterhin nur Forderungen nach zusätzlicher Aufstockung laut (s. *Wulf-Mathies* 1996: für 2000-2006 ist ein Anstieg um 30% vorgesehen). Die EU-Regionalpolitik ist kurzsichtig und versucht, sich durch ständig ausgedehnte Eingriffe beliebt zu machen (*Schüller* 1993, 133), statt an den Ursachen der raumwirtschaftlichen Probleme anzusetzen. „Sollte die ordnungspolitische Entwicklung in der Europäischen Union weiter in die Richtung laufen, die in jüngster Zeit eingeschlagen wurde, so ist eine ernsthafte Gefährdung des marktwirtschaftlichen Ordnungsrahmens und eine Einschränkung des Wettbewerbs in der Europäischen Union zu befürchten" (*Krätzschmar* 1995, 229).

Allerdings sind auch schwache Anzeichen für positive Entwicklungen zu erkennen. Gemäß Art. 198a bis 198c des EGV wurde ein Ausschuß der Regionen (s. *Theissen* 1996; *Saether et al.* 1997) geschaffen, der die Rolle der Gebietskörperschaften im institutionellen Rahmen der EU verankert (*Europäische Kommission* 1996, 18) und sich zu einem energischen Verfechter des Subsidiaritätsprinzips entwickelt hat (s. *Ausschuß der Regionen* 1997). Er besteht aus Vertretern regionaler und lokaler Körperschaften und wird unter anderem zu Fragen der Kohäsion und transeuropäischer Netze angehört. Entscheidungskompetenzen hat er allerdings nicht.

Außerdem finden einige bisher weitgehend vernachlässigte, aber als ursächlich anzusehende raumwirtschaftliche Probleme bei den verantwortlichen Politikern Beachtung. So erkennt die für Regional- und Kohäsionspolitik zuständige EU-Kommissarin *Wulf-Mathies* (1997) an, daß zur Bewältigung des Strukturwandels die Beschleunigung von Innovationen sowie die Stärkung von F&E und der Wissensbasis erforderlich sind. Sie bezeichnet den Mensch als „die größte Entwicklungsressource" und votiert für verstärkte „Ausbildung und lebenslanges Lernen". Dies sind gemäß der vorgetragenen Theorie sinnvolle Ziele. Allerdings werden sie von den EU-Politikern stets in einem interventionistischen Zusammenhang angewandt. Darüber hinaus ist zu befürchten, daß es sich hierbei - wie allzu oft - nur um Lippenbekenntnisse handelt, die in der Realität nicht entschlossen umgesetzt werden.[108]

4.4.2. Konturen einer wettbewerbskonformen Raumordnungspolitik

Die aktuelle EU-Regional- und Kohäsionspolitik ist eine interventionistische Raumstrukturpolitik, deren Auswirkungen weitgehend als wettbewerbsinadäquat und ordnungsinkonform einzuschätzen sind. Entsprechend der Argumentation unter 4.2. und 4.3. wäre aber eine rahmensetzende Raumordnungspolitik die erfolgversprechendere Alternative. Wie kann eine solche auf der räumlichen dynamischen Markttheorie fundierte Politik nun konkret aussehen? Abschließend sollen hier einige Punkte eines alternativen Konzeptes beschrieben werden, wobei die jeweils angedeuteten konkreten Maßnahmen als beispielhafte Vorschläge zu verstehen sind.

4.4.2.1. Ordnungspolitische Rahmensetzung

An die Stelle stetig wachsender finanzieller Interventionen sollte die Schaffung adäquater ordnungspolitischer Rahmenbedingungen (institutionelle Infrastruktur) treten (vgl. *Krätzschmar* 1995, 229).

(1) Dabei geht es zunächst um Regeln zur **Internalisierung externer Effekte**, sowohl auf privater als auch auf öffentlicher Ebene. Dies gilt insbesondere in den Bereichen Umwelt, Verkehr und Wissen:

(a) In der **Umweltpolitik** ist die konsequente Installation eines Marktes für Umwelt zu fordern, indem etwa räumlich begrenzte handelbare Verschmutzungszertifikate

---

[108] Dafür spricht etwa, daß *Wulf-Mathies* (1997) in einem Teil der Rede die Notwendigkeit zur „Vereinfachung" der EU-Regionalförderung mit „mehr Transparenz, weniger Bürokratie, weniger Ziele[n]" usw. eingesteht, in einem anderen Teil aber *noch einen „neuen* Fonds für Übergangsmaßnahmen" fordert!

ausgegeben werden (s. *van Suntum* 1984, 120 f.; *Rüter* 1987, 352-356), wie es z.B. in den USA in ersten Ansätzen praktiziert wird. Durch solche Emmissionsrechte würde das ökonomische Interesse der Unternehmen an einer Reduzierung der Umweltverschmutzung geweckt. Da viele Umweltprobleme rein regionaler Natur sind und verstärkt in Agglomerationen auftreten, entspricht die derzeit weitgehend realisierte Anwendung des Gemeinlastprinzips einer „Verschleierung der Standortkosten" (*Schüller* 1994, 94). Eine Internalisierung der Kosten würde das Ballungsproblem entscheidend entschärfen und peripheren Regionen einen zusätzlichen komparativen Vorteil verschaffen, also zentrifugal wirken.

(b) Die **Verkehrspolitik** sollte eine Individualisierung der externen Effekte des Individualverkehrs anstreben, die neben der Umweltbelastung auch in Stauungskosten in Ballungsgebieten bestehen (vgl. *van Suntum* 1984, 119 f.). Den Verursachern müssen die realen Transportkosten angelastet werden, was etwa durch höhere Parkgebühren in Ballungszentren möglich wäre. Die Kosten der Verkehrsinfrastruktur sollten ebenfalls möglichst den Nutzern auferlegt werden. So könnten etwa Kosten von Straßenbauvorhaben durch eine Finanzierung über Kraftfahrzeug- und Benzinsteuern den Straßennutzern angelastet werden. Regional begrenzte Investitionsvorhaben sollten von regionalen Körperschaften getragen werden (fiskalische Äquivalenz): Eine Subventionierung von U-Bahnprojekten in Ballungszentren durch Landes-, Bundes- oder gar EU-Mittel führt zu einer künstlichen Verzerrung der Standortstruktur zugunsten der Agglomerationen.

(c) Auch zur Internalisierung der von der NWT betonten räumlich begrenzten positiven **Externalitäten der Wissensproduktion** sollte der Staat entsprechende Regeln aufstellen. Dabei ist die Bildung innerer Institutionen, die diese Internalisierung leisten, zu unterstützen: „Because of the importance of ideas and private knowledge creation [...], governments should encourage the activities of industrial associations and other forms of cooperation that permit the efficient flow of information among firms and industries" (*Weder* und *Grubel* 1993, 508). Aus wettbewerbsrechtlicher Sicht ist aber darauf zu achten, daß diese Verbände nicht zu Horten kartellartiger Absprachen und rentensuchender Aktivitäten werden. Solange der Staat jedoch keine Renten verteilt, d.h. seine Subventionstätigkeit zurückfährt und Renten aufgrund inadäquater Rahmensetzung nicht entstehen läßt, ist auch kein Raum für Rent Seeking gegeben. Die Unterstützung der spontanen Institutionenbildung sollte vor allem darin bestehen, die privaten Eigentums- und Verfügungsrechte vollständig zu spezifizieren und zu sichern sowie die Transaktionskosten der Institutionenbildung und des Wissenstransfers zu senken. Bei spezifizierten Eigentumsrechten und relativ geringen Transaktionskosten wird man darauf vertrauen können, daß die Unternehmen selbständig institutionelle Internalisierungslösungen entwickeln (*Maußner* und *Klump* 1996, 288 f.), etwa indem sie Forschungseinrichtungen gemeinsam finanzieren. So kann der Staat den Internalisierungsgrad erhöhen und eine verstärkte Herausbildung von Märkten für Wissen unterstützen (*Bode* 1997, 139). Von verstärkten staatlichen F&E-Subventionen ist hingegen abzuraten, da sich das Informationsproblem staatlicher Entscheidungsträger und die Informationsasymmetrie zwischen diesen und den Subventionsempfängern in der Praxis als nicht lösbar erweisen.

(2) Ein weiterer Ansatzpunkt der Rahmensetzung besteht darin, **künstlich erzeugte Verzerrungen** der Marktpreise aufzuheben (s. *Schüller* 1993, 130 f.; *Starbatty* 1967, 36). So ist die in Agglomerationen höhere Subventionierung von Nahverkehr und Wohnraum abzubauen (vgl. *Rüter* 1987, 357 f.). Höhere Bodenpreise und Mieten müssen von den Nutzern voll getragen werden (*Eekhoff* 1995, 317). Der kommunale Finanzausgleich, der in Deutschland die Ballungsräume begünstigt (s. 4.2.(1)), ist so umzubauen, daß durch eine fiskalische Äquivalenz die Verzerrung entfällt (s. 4.4.2.2.).

(3) Alle angeführten politischen Maßnahmen können weitgehend auf lokaler Ebene durchgesetzt werden. Indem das **Subsidiaritätsprinzip** konsequent angewendet wird, ist eine Rückverlagerung der weitreichenden Kompetenzen, die sich auf der EU-Ebene in ökonomisch nicht gerechtfertigter Weise angesammelt haben, auf die nationale und regionale Ebene anzustreben (s. *Thomas* 1996, 19 f.). Die meisten raumwirtschaftlichen Probleme lassen sich auf regionaler Ebene lösen, so daß sich die supranationale Politik der EU darauf konzentrieren sollte, Hemmfaktoren des Wettbewerbs etwa in Form von Subventionen abzubauen (*Krätzschmar* 1995, 230 f.).

(4) Die Effizienz des Marktsystems kann zusätzlich durch eine **Erhöhung der Markttransparenz** gesteigert werden. Gerade in räumlicher Hinsicht ist der Informationsstand der Wirtschaftssubjekte oftmals sehr begrenzt. Durch die europaweite Verbreitung von Informationen über die wirtschaftlichen Zustände und Möglichkeiten in den Regionen kann die räumliche Allokation der Wirtschaftsaktivität verbessert werden (s. *Krätzschmar* 1995, 232).

(5) Als ein Entscheidungsfeld der EU-Ebene verbliebe im Einklang mit dem Subsidiaritätsprinzip der Bereich der großräumigen, supranationalen **Infrastrukturanbindung**. Ziel muß die „Beseitigung von Engpässen [sein], die die Erreichbarkeit von Regionen europaweit innerhalb eines Netzes verbessern und damit weltweit die Attraktivität von EU-Regionen als Investitionsstandort entscheidend erhöhen können" (*Wink* 1996, 308). Durch den Ausbau der materiellen Infrastruktur können die zur räumlichen Anbindung peripherer Gebiete wichtigen Transportkosten erheblich gesenkt werden (vgl. *Zimmermann* 1991, 30 f.). Dies unterstützt den freien Zugang zum Markt (s. *Eekhoff* 1995, 316), so daß der Grad der Verwirklichung eines Gemeinsamen Marktes in Europa erhöht würde. Auch die Gewährleistung einer weitgehend gleichmäßig verfügbaren Grundbildung mit einer Basisausstattung von Schulen und Forschungseinrichtungen (personelle Infrastruktur)[109] würde entsprechend der Bedeutung des Wissens für den Wirtschaftsprozeß die Chancengleichheit im Wettbewerb erhöhen. Alle genannten Instrumentenbereiche sollten aber lediglich im Hinblick darauf eingesetzt werden, den räumlichen Wettbewerb zu stärken (s. *Rüter* 1987, 381).

---

[109] Zu den Begriffen der institutionellen, materiellen und personellen Infrastruktur vgl. *Jochimsen* (1995, 491); *Jürgensen* (1981, 432-434); *Krätzschmar* (1995, 65-75).

(6) Im Sinne einer sozialen Sicherung ist der Rahmen für einen **personalen Ausgleich** zu setzen, der das Verteilungsproblem auf Personen im Raum bezieht.[110] Dieser Rahmen subjektgebundener Transfers muß so gestaltet werden, daß der Wettbewerb als Entdeckungsverfahren nicht außer Kraft gesetzt, sondern möglichst gefördert wird.

4.4.2.2. Institutioneller Wettbewerb der Regionen

Zur Herausbildung dieses institutionellen Rahmens ist Wettbewerb der Regionen zuzulassen. Durch ein System des fiskalischen Föderalismus, das dem Prinzip der fiskalischen Gleichbehandlung der Bürger in allen Regionen folgt, kann auch der öffentliche Sektor wettbewerblichen Steuerungsmechanismen unterworfen werden.[111] Konkret sähe dieses System so aus, daß jede Region gleiche Finanzmittel pro Einwohner sowie pro ansässigem Unternehmen erhalten würde. Im Rahmen dieser Mittel müßte sie gemäß dem Prinzip der **fiskalischen Äquivalenz** alle Leistungen, die ihrer Verwaltungsebene zufallen, finanzieren - also z.B. die Verwaltung selbst, die Schulen oder den Bau der regionalen Verkehrsinfrastruktur. Für größere Projekte wie Spezialkliniken käme nach dem Subsidiaritätsprinzip eine höhere Verwaltungsebene in Betracht. Durch die „Verlagerung der entsprechenden Kompetenzen auf die Teilregionen (insb. die Kommunen) unter gleichzeitigem Verzicht auf eine zentrale, leitbildorientierte Manipulation der Standortentscheidungen" (*van Suntum* 1981, 206) kann der institutionelle Wettbewerb der regionalen Behörden als wissensentdeckendes Verfahren wirken (vgl. 3.3.3.). Neben der Dezentralisierung der Entscheidungskompetenzen ist eine Stärkung des Föderalismus anzustreben, bei dem den höheren Ebenen (und als höchster der EU-Ebene) insbesondere die Aufgabe der Schaffung eines meta-institutionellen Rahmens zufällt. Damit ist die Forderung einer „**europäischen Verfassung des Wettbewerbs**" (*Schüller* 1993, 131) angesprochen (s.a. *Siebert* und *Koop* 1990, 455 f.). Durch die nicht-diskriminierende Anwendung der wettbewerbspolitischen Beihilfenaufsicht auf alle regionalen, nationalen und EU-Subventionen (s. *Krätzschmar* 1995, 231 f.) kann die Möglichkeit eines Subventionswettlaufs, der durch die Eigenverantwortlichkeit der regionalen Entscheidungsträger für die begrenzten Mittel ohnehin schon weitgehend eingeschränkt ist, zusätzlich verringert werden.

4.4.2.3. Regionalpolitik ohne geldliche Transfers

Flankierend zu den bisher beschriebenen Maßnahmen der wettbewerblichen Rahmensetzung ist eine „Regionalpolitik ohne Geld" (*Klemmer* 1986, 67, 122) zu empfehlen. Hierbei handelt es sich um Eingriffe, die ohne Fließen finanzieller Mittel (insb. ohne Subventionen) den Wettbewerb noch weiter stärken.

(1) Hierzu ist zunächst die **Politikberatung** zu zählen, die darauf abzielt, institutionelle Entwicklungs- und Flexibilitätshemmnisse zu überwinden (s. *Waniek* 1992, 24).

---

[110] Vgl. *Gutmann* (1996, 182); s.a. *Eekhoff* (1995, 317 f., 323); *van Suntum* (1984, 118 f.).

[111] S. *van Suntum* (1984, 123-126; 1981, 133-168); vgl. auch *Gutmann* (1996, 180 f.). - Zum institutionellen Wettbewerb als Konzept für die EG s. *Siebert* und *Koop* (1990).

Da äußere Institutionen als raumstrukturbestimmende Faktoren wirken können (s. 3.3.2.), wären derartige Hindernisse der Ausschöpfung regionaler Entwicklungspotentiale etwa durch Beratung bei Entbürokratisierung, Deregulierung und Privatisierung abzubauen (s. *Krätzschmar* 1995, 231). Eine ursachenadäquate europäische Regionalpolitik sollte darauf abzielen, die Innovationsfähigkeit der peripheren Regionen zu erhöhen, so daß diese gerade Basisinnovationen übernehmen und damit zu Wirtschaftsagglomerationen auf- bzw. diese überholen können (s. 3.4.2.(2); vgl.a. das Leapfrogging-Modell, 3.2.2.4.).

(2) Darüber hinaus könnte durch eine Stärkung der **Wissensdiffusion** die Übernahme der in Agglomerationen entwickelten neuen Produkte und Verfahren in peripheren Regionen verbessert werden (vgl. *Krieger-Boden* 1995a, 68). Verbesserte Rahmenbedingungen für interregionale Diffusionsprozesse ermöglichen eine Angleichung der Lebensverhältnisse, da schnellere Imitation deglomerierend wirkt (s. 3.2.2.4.). Gleichzeitig sind sie marktkonform, transparenz- und wettbewerbsfördernd. Eine konkrete Maßnahme zur Stärkung der Wissensübernahme in peripheren Gebieten wäre die dortige Ansiedlung von Universitäten und Forschungsinstituten.

Alles in allem geht es um eine „Rückbesinnung auf die Schaffung von Anreizen zur Förderung und Nutzung individuellen Wissens" (*Wink* 1996, 308). Eine auf der dynamischen Markttheorie basierende Raumwirtschaftspolitik bedient sich also weitgehend *informativer* Instrumente (*Jürgensen* 1981, 431f); die Anwendung rein *imperativer* Maßnahmen ist abzulehnen. An die Stelle zentraler Planung sollten regionale Initiativen treten, um in einer dynamischen Wirtschaft mit Hilfe allgemeiner Rahmenregelungen den Akteuren Freiheit zu kreativer Tätigkeit zu geben. Neben der Konformität mit der marktwirtschaftlichen Gesamtordnung und der besseren Berücksichtigung des föderalistischen Grundgedankens in Europa ist ein weiterer Vorteil dieser Konzeption, daß sie durch die Vermeidung des immensen Verwaltungsapparates erhebliche Kostenersparnisse im Vergleich zur praktizierten interventionistischen Regionalpolitik bringt. Verwaltungsbeamte in den regionalen Behörden könnten sich primär um die Beseitigung konkreter regionaler Engpässe kümmern, anstatt sich mit rentensuchenden Antragstellungen an die EU-Fonds zu befassen. Damit wären in der vorgestellten Konzeption die prozeßpolitischen Probleme der Überbürokratisierung, des Gegeneinanderarbeitens verschiedener Verwaltungsebenen und der Unübersichtlichkeit der unzähligen Projekte erheblich verringert bzw. ausgeschlossen. Die Konzeption wäre eine grundlegende Neuorientierung der europäischen Raumwirtschaftspolitik, da das gesamte EU-Subventionssystem abgebaut werden könnte.

Mit der Durchsetzung der beschriebenen Politik ist übrigens durchaus eine „dezentrale Konzentration" (s. 4.4.1.1.(3)) zu erwarten: Die negativen Agglomerationseffekte kommen in den großen Agglomerationszentren durch ihre Internalisierung voll zur Geltung, während regionale kleinere Agglomerationen durch positive Agglomerationseffekte (z.B. des Wissens) nun ihre Vorteile gegenüber den großen besser zur Geltung bringen können.

4.4.2.4. Weitergehende Maßnahmen mit geldlichen Transfers

Soll das Ausgleichsziel noch stärker verfolgt werden, kann zusätzlich an Maßnahmen mit geldlichen Transfers gedacht werden. Diese sollten aber nicht den zentralistischen und interventionistischen Charakter der derzeit betriebenen EU-Regionalpolitik haben.

(1) So wäre zunächst an die Lokalisation von ohnehin getätigten, raumindifferenten **öffentlichen Investitionen in der Peripherie** zu denken. Bei der Ansiedlung der auf EU-Ebene benötigten Verwaltungseinrichtungen, Gerichte, Forschungsinstitute etc. sollte auf regionalpolitische Ziele geachtet werden. Würden nicht nahezu alle EU-Institutionen in Brüssel zentralisiert, sondern verstreut auch in peripheren Regionen angesiedelt, so könnten dort Wachstumspole entstehen, die entsprechend ihrer Zentrale-Orte-Funktion die Entwicklung peripherer Gebiete anfachen.[112]

(2) Sollten reine Finanztransfers an die peripheren Regionen für politisch erforderlich gehalten werden, wäre ein System des **europäischen Finanzausgleichs** dazu besser geeignet als interventionistische Eingriffe in die Raumstruktur (s. *Krätzschmar* 1995, 232 f.). **Ungebundene Transfers** wären transparenter und würden die regionalpolitische Planungs- und Entscheidungskompetenz sowie die Verantwortung bei den regionalen politischen Entscheidungsträgern belassen (s. *Waniek* 1992, 23 f.). Die Empfänger könnten die Mittel entsprechend ihrer Bedürfnisse und Präferenzen einsetzen, so daß dem politischen Haftungsprinzip Geltung verschafft würde. Eine solche dezentrale Verteilung der Kompetenzen entspräche dem Subsidiaritätsprinzip besser als zentralistische EU-Interventionen und würde die Möglichkeit des Wettbewerbs zwischen den regionalen Institutionen nicht zerstören.

Allerdings sind mit diesen ungebundenen Transfers auch Probleme verbunden. So gibt es keine Garantie für die Verwendung der Mittel im Sinne des Kohäsionsziels, da die regionalen Entscheidungsträger die Verfügungsgewalt über die Mittel haben. Wenn der hauptsächliche Hemmfaktor der regionalen Entwicklung in mangelnden institutionellen Voraussetzungen und geringer Verwaltungseffizienz liegt, dann ist die Ausstattung dieser regionalen Institutionen mit weiteren Mitteln zumindest problematisch. Auf jeden Fall sollte sie mit der oben genannten Politikberatung verbunden sein. Auch bedarf ein System des Finanzausgleichs sowohl geeigneter Gebietskörperschaften in allen EU-Staaten als auch eines in der EU nur in Ansätzen vorhandenen „Zusammengehörigkeits- und Solidaritätsgefühl[s] zwischen den Regionen" (*Waniek* 1994, 49). Darüber hinaus muß man sich beim Finanzausgleich bewußt sein, daß er mit einer Verminderung der Selbstverantwortlichkeit verbunden ist: „Je höher die Umverteilung ausfällt, um so geringer werden bei den Empfängern die Anreize sein, sich selbst zu helfen, und bei den Leistungsträgern, ihre Fähigkeiten voll auszuschöpfen" (*Krieger-Boden* 1987, 96).

(3) Sollte im Einzelfall an Interventionen in die Raumstruktur gedacht werden, so sollte sich die EU-Regionalpolitik auf „**macro-level**"-Interventionen beschränken (vgl.

---

[112] Das Beispiel der im Bundesgebiet verstreuten deutschen obersten Gerichte zeigt, daß die regionale Streuung von Institutionen in vielen Fällen durchaus nicht mit Effizienzverlusten (Kommunikationsproblemen, erhöhten Transaktionskosten) verbunden sein muß.

Martin und *Schulze Steinen* 1997, 21). Die hierunter fallenden Infrastruktur- und Bildungsinvestitionen sind, auch wenn sie von der EU finanziert werden, zumindest weniger wettbewerbsverzerrend als „micro-level"-Interventionen, also direkte Subventionen. Letztere sind zwar populär, da sie kurzfristige Nachfrageeffekte erzeugen können, während Veränderungen der Makro-Bedingungen des räumlichen Wettbewerbs zumeist nur mittel- bis langfristig wirken; eine dauerhafte Beseitigung raumwirtschaftlicher Probleme ist aber nur mit letzteren zu erreichen. Desweiteren müssen alle Interventionen **befristet** und **selbstaufhebend** sein (*Müller* 1960, 178), um noch als marktkonform eingeschätzt werden zu können. Die notwendige Strukturanpassung darf also nicht durch einen strukturkonservierenden Einsatz der Mittel hinausgeschoben werden. Die Fördermaßnahmen müssen die Umstrukturierung, die entsprechend der räumlichen dynamischen Markttheorie zwangsläufig erfolgen muß, erleichtern bzw. beschleunigen und ggf. die Anpassungslasten verringern (s. *Eekhoff* 1995, 319 f.).

Insgesamt zeigt sich also, daß staatliche Regionalpolitik im Sinne einer Raumordnungspolitik durchaus zum Abbau regionaler Disparitäten und zur Förderung der Einheitlichkeit der Lebensverhältnisse beitragen kann, ohne dabei den Wettbewerb außer Kraft zu setzen. Damit sich die wettbewerblichen Kräften als Entdeckungsmechanismen entfalten können, kommt es darauf an, wettbewerbsfördernde Maßnahmen umzusetzen, die nicht mit dem Ordnungsrahmen der Marktwirtschaft kollidieren. Die wenigen hier angedeuteten konkreten Maßnahmen stehen für eine mögliche Umsetzung.

5. Schlußbemerkungen

In die hier vorgestellte Erklärung der Entstehung von räumlichen Verdichtungen der Wirtschaftstätigkeit fließen die Überlegungen der traditionellen Raumwirtschaftstheorie, der regionalen Polarisationsmodelle, der „New Economic Geography"-Modelle, der Neuen Wachstumstheorie und der ordnungstheoretischen Ansätze an wichtigen Stellen ein. Diese Theorien können aber jeweils auf sich gestellt die wirtschaftliche Verteilung im Raum nicht hinreichend erklären. Der hier vorgeschlagene Ansatz einer **räumlichen dynamischen Markttheorie** ist in der Lage, „pattern predictions" über die räumliche Verteilung und Entwicklung der Wirtschaftstätigkeit zu machen und den in der Realität festzustellenden **Aufstieg und Niedergang von Agglomerationen** zu erklären. Statische Erklärungen oder gar Modelle, die Entwicklungen nur in eine Richtung (unbegrenzte Verdichtung bzw. Entleerung von Wirtschaftsgebieten) erklären können, greifen zu kurz. Auch eine Gleichverteilung der Wirtschaftstätigkeit im Raum kann es nicht geben; immer wird es Agglomerationen als Wachstumspole geben, die eine unerläßliche Quelle der Wissensgenerierung und damit der gesamtwirtschaftlichen Entwicklung bieten. „Die Zivilisation, die wir kennen, ist vom städtischen Leben nicht zu trennen. Fast alles, was die zivilisierte von der primitiven Wirtschaft unterscheidet, ist aufs engste mit den großen Zusammenballungen der Bevölkerung verknüpft, die wir Städte nennen" (*von Hayek* 1971, 426).

Die Erkenntnisse der räumlichen dynamischen Markttheorie zeigen, daß bei entsprechender **Rahmensetzung** der **Wettbewerb** zwischen den räumlich verteilten Wirtschaftssubjekten und zwischen den regionalen Systemen zu einer bestmöglichen räumlichen Verteilung der Wirtschaftstätigkeit führt. Ein solcher Wettbewerb trägt dabei der Anforderung Rechnung, daß die räumliche Verteilung einer steten Veränderung unterliegt und daher die statische Vorstellung einer optimalen räumlichen Verteilung der Wirtschaftstätigkeit als Idealbild für Regionalpolitik nicht sinnvoll sein kann. In *raumwirtschaftspolitischer* Hinsicht hat sich damit an der Einschätzung des wohl bedeutendsten Vertreters der traditionellen Raumwirtschaftstheorie, *August Lösch* (1943, 364), nichts geändert: „Es ist [...] für mich eines der beglückendsten Ergebnisse meiner Forschung, für die räumliche Ordnung der Wirtschaft zeigen zu können, daß die freie Initiative gesunder Menschen, wenn sie nur auf vernünftigen Verhältnissen aufbauen kann, zu Ergebnissen führt, die nicht nur wirtschaftlich, sondern auch politisch zumeist durchaus wünschenswert sind. Daß die ungeheuren Kräfte der Freiwilligkeit, wenn sie nur richtig geleitet werden, einen Bundesgenossen der staatlichen Wirtschaftsführung bilden, erspart dieser die übermenschliche Aufgabe, alles bis ins kleinste planen zu müssen."

Um eine räumlich ausgeglichene Entwicklung im Rahmen der **Europäischen Integration** zu erreichen, bedarf es also nicht einer immer zentralistischeren und interventionistischeren Raumwirtschaftspolitik, die direkt in die Raumstruktur eingreift. Dementsprechend gehen die Reformen der EU-Regionalpolitik seit Jahren in die falsche Richtung. Um die Ziele einer wachstumseffizienten und verteilungsgerechten räumlichen Entwicklung der Wirtschaftstätigkeit zu realisieren, bedarf es einer **Raumordnungspolitik**, die den Rahmen dafür setzt, daß der Wettbewerb seine Entdeckungsfunktion ausüben kann. Zentrale Bürokratieinstanzen haben nicht das Wissen, das für eine effiziente Entwicklung benötigt wird und dezentral zwischen den Wirtschaftssubjekten verteilt ist. Es bleibt die Hoffnung, daß heute neben der theoretischen Einsicht sowohl „leere Kassen" (*Görgens* in *Krätzschmar* 1995, II) als auch die anstehende Osterweiterung der EU (vgl. *Mallossek* 1996, 17; *Martin* und *Schulze Steinen* 1995, 26), die beide eine fortschreitend interventionistischere Regionalpolitik untragbar machen, eine grundlegende Neuorientierung der europäischen Raumwirtschaftspolitik begünstigen.

Anhang: Herleitungen formaler Modelle

Anhang 1: *Krugmans* „New Economic Geography"-Grundmodell

Die hier gewählte Darstellung folgt weitgehend *Krugman* (1995, 89-108) (s. dort auch für weitere Begründungen der Wahl der einzelnen Modellfunktionen). Sie ist eine integrierte Darstellung der Spezialfälle, die zuvor in *Krugman* (1991a) (auf zwei Standorte beschränkt), *Krugman* (1993a) (Möglichkeit einer Ein-Stadt-Wirtschaft) und *Krugman* (1993b) (näherungsweises Zentrale-Orte-System aufgrund von kumulativen Prozessen) veröffentlicht worden sind.

Annahmen des Modells

Die betrachtete Wirtschaft hat zwei Sektoren, Industrie (M = manufacturing) und Landwirtschaft (A = agriculture). Jedes Wirtschaftssubjekt hat die gleiche *Cobb-Douglas*-Nutzenfunktion für die zwei Güterarten (U = Nutzen, C = Konsum):

(1) $U = C_M^\mu C_A^{1-\mu}$

mit μ = Anteil der Industriegüter an den Ausgaben.

Es gibt nur ein homogenes Agrargut. Die Industriegüter setzen sich hingegen aus einer großen Zahl ($i = 1, ..., N$) symmetrischer Produktarten zusammen, mit einer konstanten Substitutionselastizität σ zwischen je zwei Arten (CES-Funktion):

(2) $C_M = \left[\sum_{i=1}^{N} c_i^{\frac{\sigma-1}{\sigma}}\right]^{\frac{\sigma}{\sigma-1}}$

Auf der Produktionsseite der Wirtschaft gibt es zwei Arten des Produktionsfaktors Arbeit: mobile „Arbeiter" L_M, die Industriegüter herstellen, und immobile „Bauern" L_A, die Agrargüter produzieren. Das Angebot dieser Faktoren sei konstant gegeben und zu jedem Zeitpunkt über die Orte $j = 1, ..., J$ verteilt.

Die Agrarproduktion weist konstante Skalenerträge auf; deshalb können die Agrararbeitskräfte, die eine gegebene Anzahl Agrargüter an einem Ort j herstellen, durch entsprechende Wahl der Einheiten mit der Produktionsmenge Q gleichgesetzt werden:

(3) $L_{Aj} = Q_{Aj}$

Die Industriegüterproduktion weist hingegen steigende Skalenerträge auf, mit fixen Kosten für jede Art, die an einem gegebenen Ort produziert wird:

(4) $L_{Mij} = \alpha + \beta Q_{Mij}$

Ein exogen gegebener Anteil ϕ_j der Bauern befindet sich am Standort j:

(5) $L_{Aj} = \phi_j L_A$

Zu jedem Zeitpunkt befindet sich auch ein Anteil λ_j der Industriearbeiter am Standort j (dieser Anteil entwickelt sich mit der Zeit auf eine weiter unten spezifizierte Weise):

(6) $\quad \sum_i L_{Mij} = \lambda_j L_M$

Transportkosten wirken nur auf Industriegüter, und zwar in der *Samuelson*schen Eisberg-Form: Ein Teil der transportierten Industriegüter „schmilzt" beim Transport. Es sei x die Menge eines Gutes, das von j nach k transportiert wird, und z die ankommende Menge; dann gelte:

(7) $\quad z_{ijk} = e^{-\tau D_{jk}} x_{ijk}$

mit τ als Transportkosten und D_{jk} als Distanz zwischen den beiden Orten.

Bezüglich der Faktormobilität gilt schließlich, daß die Bauern vollkommen immobil sind, während die Industriearbeiter an den Ort wandern, der ihnen den höchsten Reallohn bietet. Weiter unten wird gezeigt, daß sich das Modell zu jedem Zeitpunkt nach dem Reallohn ω_j, der an jedem Standort gezahlt wird, auflösen läßt. Der Durchschnittsreallohn sei definiert als

(8) $\quad \overline{\omega} = \sum_j \lambda_j \omega_j$

Dann sei das Wanderungsgesetz der Wirtschaft:

(9) $\quad \dfrac{d\lambda_j}{dt} = \rho \lambda_j \left(\omega_j - \overline{\omega} \right)$

d.h. Arbeiter wandern aus Standorten mit unterdurchschnittlichen Reallöhnen ab in Richtung überdurchschnittlicher Reallöhne.

Damit ist ein komplettes Modell geographischer Dynamik spezifiziert. Die Inputs in das Modell sind die Parameter μ, τ und σ (dies sind die einzigen Parameter, die nicht durch Wahl der Einheiten eliminiert werden können), eine gegebene Allokation der Bauern über die Standorte, eine Matrix der Distanzen zwischen den Standorten sowie eine Anfangsallokation der Industriearbeiter über die Standorte. Diese Inputs bestimmen das Gleichgewicht zu jedem Zeitpunkt und insbesondere den Vektor der Reallöhne. Letzterer bestimmt die Veränderungen in der Allokation der Industriearbeiter, was zur Evolution des Gleichgewichts in der Zeit führt.

Kurzfristiges Gleichgewicht

Zunächst sei auf zwei grundlegende Charakteristika von Modellen der *Dixit/Stiglitz*-Art hingewiesen. Zum ersten sieht sich in diesen Modellen der Produzent einer jeden produzierten Güterart einer konstanten Nachfrageelastizität σ gegenüber. Daher besteht seine Gewinnmaximierungsstrategie darin, den Preis als fixen Aufschlag auf die Grenzkosten zu setzen:

(10) $\quad p_{ij} = \dfrac{\sigma}{\sigma - 1} \beta w_j$

mit w_j als Lohnsatz der Arbeiter am Standort j.

Durch entsprechende Wahl der Einheiten kann man den f.o.b.-Preis der Industriegüter in *j* gleich dem Lohnsatz setzen:

(11) $\quad p_j = w_j$

Zum zweiten gibt es bei freiem Markteintritt von Betrieben, bis die Gewinne gleich null sind, eine eindeutige Null-Gewinn-Produktionsmenge jeder Güterart, für die gilt:

(12) $\quad Q_{Mi} = \dfrac{\alpha}{\beta}(\sigma - 1)$

Da alle Güterarten in der gleichen Menge produziert werden, ist die Anzahl der produzierten Güterarten an jedem gegebenen Standort proportional zu der Industriearbeiterschaft dieses Standortes. Mit *n* als Anzahl der Industriegüterarten, die in der gesamten Wirtschaft produziert werden, und n_j als Anzahl, die am Standort *j* produziert wird, gilt deshalb für den Anteil an der Gesamtproduktion:

(13) $\quad \dfrac{n_j}{n} = \lambda_j$

In diese Gleichung geht übrigens die Annahme steigender Skalenerträge ein: Mit wachsender Arbeiterschaft erhöht ein Standort nicht die Produktionsmenge des bisher produzierten Gütermixes, sondern fügt neue Güterarten hinzu (vgl. die Ausführungen im Text zur *Dixit/Stiglitz*-Formalisierung unter 3.1.3.).

Das kurzfristige Gleichgewicht sei nun als Lösung von vier Gleichungssystemen dargestellt. Zunächst wird das Einkommen an jedem Standort bestimmt. Da für Agrarprodukte Transportkosten von null gelten, ist der Lohnsatz der Bauern an allen Orten gleich. Es gebe *μ* Industriearbeiter und *1-μ* Bauern, womit das Gesamteinkommen der Wirtschaft gleich 1 ist. Alle Preise und Löhne seien in Agrargütern gemessen. Dann gilt:

(14) $\quad Y_j = (1-\mu)\phi_j + \mu\lambda_j w_j$

Als nächstes wird der wahre oder ideale Preisindex des Industriegüteraggregates für die Konsumenten an jedem Ort bestimmt. Damit von einer Industriegüterart, die in *k* verschickt wurde, eine Einheit in *j* ankommt, müssen $exp(\tau D_{jk})$ Einheiten verschickt werden, so daß der c.i.f.-Preis bei der Ankunft $w_k\, exp(\tau D_{jk})$ beträgt. Mit der CES-Funktion (2) ist der wahre Preisindex von Industriegütern in *j* gleich

(15) $\quad T_j = \left[\sum_k \lambda_k \left(w_k e^{\tau D_k}\right)^{1-\sigma}\right]^{\frac{1}{\sigma-1}}$

Ist dieser wahre Preisindex gegeben, kann zum Gleichgewichtslohnsatz hin aufgelöst werden. Für ihn gilt:

(16) $\quad w_j = \left[\sum_k Y_k \left(T_k e^{-\tau D_k}\right)^{\sigma-1}\right]^{\frac{1}{\sigma}}$

Dies ist aber nur der in Agrargütern gemessene Lohnsatz; die Arbeiter sind interessiert an den realen Löhnen gemessen an einem Konsumkorb, der auch Industriegüter beinhaltet. Daher hängt der reale Lohn sowohl vom Lohn gemessen in Agrargütern als auch vom Industriegüterpreisindex ab:

(17) $\omega_j = w_j T_j^{-\mu}$

Damit ist ein lösbares Gleichungssystem für das kurzfristige Gleichgewicht gegeben. Die Gleichungen (14)-(16) müssen simultan nach den Vektoren Y, T und w gelöst werden; damit kann man dann auch Gleichung (17) lösen.

Zentripetale und zentrifugale Kräfte

Um eine Idee von den in diesem Modell wirkenden Kräften zu bekommen, soll zunächst auf eine begrenzte Fragestellung für einen Spezialfall eingegangen werden. Diese wurde als erstes in *Krugman* (1991a) gestellt und kann nun an dem allgemeineren Modell dargestellt werden.

Eine Wirtschaft bestehe aus nur zwei Standorten, von denen jede die gleiche Anzahl Bauern besitzt ($\phi_1=\phi_2=0,5$). Unter welchen Bedingungen stellt dann die Konzentration aller Industriebetriebe an einem Standort ($\lambda_1=1$ oder 0) ein Gleichgewicht dar? Durch die Antwort auf diese Frage erhalten wir einen Einblick, wie die Parameter des Modells die relative Stärke der zentripetalen und zentrifugalen Tendenzen beeinflussen. Dazu sind die Gleichungen (14)-(17) unter der Annahme $\lambda_1=1$, $\lambda_2=0$ (der Fall mit $\lambda_1=0$ ist symmetrisch) zu lösen. Die Konzentration der Industriebetriebe in 1 ist dann und nur dann ein Gleichgewicht, wenn in diesem Fall der Reallohn am Standort 2 kleiner ist als der am Standort 1 ($\omega_2<\omega_1$).

Man kann mit dieser statischen Analyse zeigen, daß die Agglomerationstendenzen gefördert werden durch (a) niedrige Transportkosten (kleines τ), (b) einen hohen Industrieanteil an der Wirtschaft (großes μ) und (c) starke Skalenerträge auf Betriebsebene (kleines σ) (s. *Krugman* 1995, 101-105; sowie 1991a, 494-498).

Die Dynamik eines Multi-Standort-Modells: Ein sich selbst organisierendes System

Dieses statische Zwei-Standorte-Gleichgewicht soll nun mit Hilfe numerischer Methoden zur Dynamik in einem Beispiel mit vielen Standorten erweitert werden. Es werden $J>2$ Standorte angenommen. Die Bauern seien gleichmäßig über die Standorte verteilt, mit einem Anteil von $1/J$ in jedem Standort.

In einem Modell mit mehreren Standorten muß die Matrix der Distanzen zwischen den Standorten spezifiziert werden. Als einfachste Anordnung, die eine Symmetrie bewahrt, wird hier angenommen, die Orte lägen gleich verteilt auf einen Kreis, wobei der Transport nur entlang der Kreislinie möglich ist. Die Distanz zwischen zwei benachbarten Standorten sei 1. Bei dem unten beschriebenen Beispiel mit 12 Standorten entspricht die Anordnung damit dem Zifferblatt einer Uhr. Der Abstand zwischen Standort 3 und Standort 6 ist dann gleich 3; der Abstand zwischen Standort 2 und Standort 10 ist gleich 4.

Dynamische Raumwirtschaftstheorie und EU-Regionalpolitik · 83 ·

Um die Standortstruktur dieser Wirtschaft zu ergründen, wird ein „Monte-Carlo"-Ansatz angewandt: Beginnend mit einer Zufallsverteilung der Industriearbeiter über die Standorte läßt man die Wirtschaft sich entwickeln, bis es zu einer Konvergenz kommt. Um einen Einblick in das Modell zu erhalten, muß dieses Experiment mit verschiedenen Parameterwerten wiederholt ausgeführt werden. Für einen Basisfall gelte $\mu=0,2$ (Anteil der Industriegüter an den gesamten Konsumausgaben), $\tau=0,2$ (Transportkosten) und $\sigma=0,4$ (Substitutionselastizität der Industriegüterarten). Abbildung A.1 zeigt das Ergebnis eines typischen Durchlaufs dieses Falles. Der erste Balken eines jeden Ortes zeigt die (zufällige) Anfangsverteilung der Arbeiter auf die Standorte, der zweite die sich schließlich ergebende Verteilung. Die anfängliche Zufallsverteilung der Industriebetriebe organisiert sich schließlich in zwei Industrieagglomerationen an den Orten 6 und 11, also 5 Einheiten auseinander. Die beiden Konzentrationen liegen also fast, aber nicht exakt gegenüber auf dem Kreis.

Abbildung A.1: Beispiel einer sich selbst organisierenden Wirtschaft

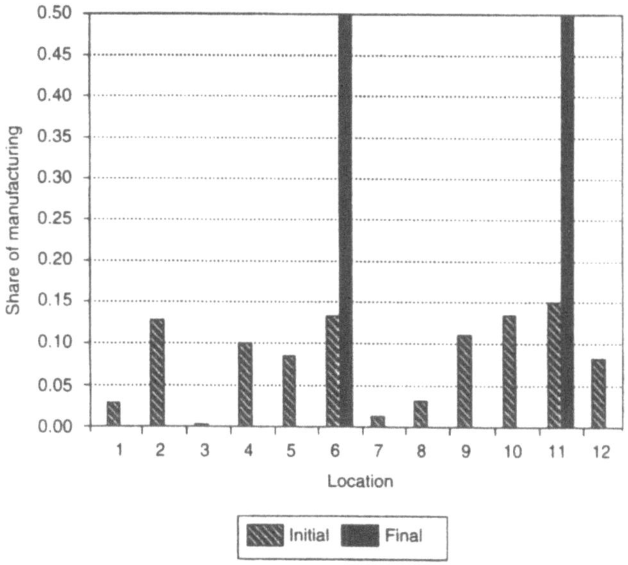

Quelle: *Krugman* (1995, 107)

Es zeigt sich, daß ein Prozeß der Selbstverstärkung anfänglicher Vorteile wirksam ist. Standort 11, mit dem größten Startanteil, kann weitere Arbeiter anziehen und schließlich die Hälfte der gesamten an sich binden - der kumulative Prozeß der Polarisationsmodelle (s. 3.1.2.) wird deutlich. In dem Prozeß wachsen aber nicht einfach die Standorte mit größerer Ausgangsarbeiterschaft. Eine zweite Agglomeration entsteht in Standort 6. Wenn 6 auch einen großen Anfangswert hat, so waren doch andere Standorte zu Beginn größer, z.B. Standort 10. Aber Standort 10 ist zu nah am „gewinnenden" Standort 11 und fällt unter dessen „Agglomerationsschatten", während 6 in der Lage ist, dem sich ergebenden Status von 11 gleichzukommen, da es in seiner Nähe relativ wenige Konkurrenten um das landwirtschaftliche Hinterland gibt. Darum befinden sich die zwei Agglomerationen fast gegenüber voneinander - also ein System, in dem zwei zentrale Orte fast symmetrisch plaziert sind.

Der betrachtete Fall liefert allerdings nicht immer das gleiche Ergebnis. Bei den betrachteten Parameterwerten ergab sich in 60 Prozent der Fälle ein System mit zwei Standorten in einem Abstand von 5 und in fast allen anderen Fällen ein System mit zwei Standorten in einem Abstand von 6. In seltenen Fällen kam es auch zu drei gleich verteilten Konzentrationen.

Es wird deutlich, daß die Modellwirtschaft multiple Gleichgewichte aufzeigt. Gleichwohl wird ebenso deutlich, daß eine systematische Tendenz zur Entstehung von Agglomerationen, die mehr oder weniger gleich im Raum verteilt sind, besteht. Neben einem kumulativen Prozeß läßt sich also auch aufzeigen, daß sich eine Struktur ergibt, die der Zentrale-Orte-Theorie (s. 3.1.1.2.) nahekommt.

Bei veränderten Parameterwerten läßt sich bei folgenden drei Konstellationen feststellen, daß es immer zu einer einzigen Agglomeration kommt: (a) bei weniger differenzierten Produkten (σ nur halb so groß); (b) bei einem größeren Industrieanteil (μ doppelt so groß); und (c) bei geringeren Transportkosten (τ nur halb so groß).

Dynamische Raumwirtschaftstheorie und EU-Regionalpolitik · 85 ·

Anhang 2: Grundstrukturen der „alten" und Neuen Wachstumsmodelle

Die Modelle der „alten" und der Neuen Wachstumstheorie liegen mittlerweile in unzähligen Darstellungen vor. Ausführliche Darstellungen der „alten" neoklassischen Wachstumsmodelle finden sich neben den ursprünglichen von *Solow* (1956) und *Swan* (1956) z.B. in *Solow* (1971) und *Rose* (1973). Detaillierte Herleitungen der Neuen Wachstumsmodelle sind den jeweiligen Originalaufsätzen, die im Text (unter 3.2.2.) zitiert wurden, zu entnehmen. Darüber hinaus enthalten die umfangreichen Lehrbücher von *Barro* und *Sala-i-Martin* (1995), *Maußner* und *Klump* (1996) und *Bretschger* (1996) formale Darstellungen aller grundlegenden Modellvarianten (und auch des „alten" Wachstumsmodells) in jeweils einheitlicher Nomenklatur.

Deshalb wird hier auf eine umfangreiche Darstellung verzichtet zugunsten einer Veranschaulichung des jeweiligen Grundgedankens der einzelnen Modellvarianten in wenigen Gleichungen. Die gewählte Darstellung lehnt sich an *Bröcker* (1994) an.

Im Original beinhalten nahezu alle Modelle der NWT eine explizite neoklassische Modellierung des endogenen Sparverhaltens. In der Tradition der Formalisierungen von *Koopmans* (1965) und *Cass* (1965) (die sich wiederum auf *Ramsey* (1928) stützen) wird sie durch tieferliegende, die intertemporalen Präferenzen der Haushalte abbildende Parameter erklärt. Für die vorliegende Fragestellung genügt es aber vollkommen, in Übereinstimmung mit dem originalen *Solow*-Modell die Sparquote als Konstante anzusehen und damit von einer endogenen Bestimmung des Sparverhaltens zu abstrahieren.

Das *Solow*-Modell

*Solow*s neoklassisches Wachstumsmodell geht von einer gesamtwirtschaftlichen *Cobb-Douglas*-Produktionsfunktion aus:

(1) $Y = K^\alpha (eL)^{1-\alpha}$

mit Y = Sozialprodukt, K = Kapital, L = Arbeit, e = Effektivitätsfaktor, eL = effektiver Arbeitseinsatz, α = Produktionselastizität des Kapitals, $1-\alpha$ = Produktionselastizität der effektiven Arbeit. Die Summe der Produktionselastizitäten ist gleich 1, es liegen also konstante Skalenerträge vor.

Die Wachstumsrate des Sozialprodukts beträgt folglich (ein Dach über einer Variablen steht für deren Wachstumsrate):

(2) $\hat{Y} = \alpha \hat{K} + (1-\alpha)(\hat{e} + \hat{L})$

Die Wachstumsraten des Effektivitätsfaktors (= technischer Fortschritt) und der Arbeit werden als exogen gegeben angenommen, so daß das Wachstum der effektiven Arbeit exogen ist. Das Wachstum des Kapitals ergibt sich endogen, indem laufend die Nettoinvestition dem Kapitalbestand hinzugefügt wird. Die Nettoinvestition ergibt sich aus der Differenz aus Ersparnis (= Bruttoinvestition) und Abschreibung:

(3) $I = sY - \delta K$

mit der Sparquote s (in dieser Modellspezifikation als Konstante angenommen) und der konstanten Abschreibungsrate δ. Damit ergibt sich die Wachstumsrate des Kapitals als:

(4) $\quad \hat{K} = \dfrac{\Delta K}{K} = \dfrac{I}{K} = \dfrac{sY}{K} - \delta$

Um die Dynamik der betrachteten Ökonomie herzuleiten, betrachtet man am besten das Wachstum der „effektiven Kapitalintensität" k, die definiert ist als:

(5) $\quad k = \dfrac{K}{eL}$

Die Wachstumsrate von k ergibt sich aus dem Vorherigen als

(6) $\quad \hat{k} = \hat{K} - \hat{e} - \hat{L} = \dfrac{sY}{K} - \left(\delta + \hat{e} + \hat{L}\right)$

Wie aus Abbildung A.2 deutlich wird, wächst (schrumpft) k, wenn es kleiner (größer) als k^* ist. Damit strebt k gegen k^* und ist für $k=k^*$ stationär. Im stationären Zustand (Steady State) wachsen Kapital K und effektive Arbeit eL also mit derselben Rate, so daß entsprechend (2) auch das Sozialprodukt mit dieser Rate wächst.

Abbildung A.2: Das *Solow*-Modell

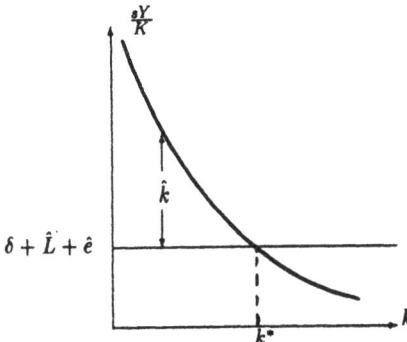

Quelle: *Bröcker* (1994, 33)

Abbildung A.2 zeigt auch, daß die Rate, mit der k wächst bzw. schrumpft, um so größer ist, je weiter k von k^* entfernt ist. Im Übergangsprozeß (solange also $k \neq k^*$) ergibt sich folglich für zwei Regionen mit gleichem exogenen technischen Fortschritt und exogenem Wachstum der Arbeit Konvergenz: Diejenige Region wächst am schnellsten, die vom Steady State am weitesten (nach unten) entfernt ist. Sowohl die Sparquote als auch die Effizienz der Produktion beeinflussen die *Wachstumsrate* nur im Übergangsprozeß, nicht aber im Steady State. In diesem beeinflussen sie nur das *Niveau* des Pro-Kopf-Einkommens.

Es wird deutlich, daß das „alte" Wachstumsmodell nur für den Übergangsprozeß zum Steady State interessante Prognosen liefert. Auf dem langfristigen Gleichgewichtspfad wächst alles mit der Rate des effektiven Arbeitseinsatzes, und die ist ein exogener Parameter. Würde man die exogenen Wachstumsmotoren $\hat{L}$ und $\hat{e}$ abstellen, würde die Ökonomie auf Dauer stagnieren. Die „alte" Wachstumstheorie ist also streng genommen gar keine Theorie des langfristigen Wachstums - dieses ist modellexogen.

Rebelos AK-Modell

Hier liegt nun der Ansatzpunkt der Neuen Wachstumsmodelle: Die Wachstumsrate soll auch langfristig modellendogen bestimmt sein. Der einfachste Fall, für den dieses zutrifft, besteht darin, daß der Grenzertrag des akkumulierbaren Faktors Kapital auf lange Sicht nicht abnimmt. Stehen Y und K langfristig im konstanten Verhältnis, lautet die Produktionsfunktion also etwa:

(7) $Y = AK$

mit konstantem positiven A, so beträgt die langfristige Wachstumsrate

(8) $\hat{Y} = \hat{K} = sA - \delta$

Für $A > \dfrac{\delta}{s}$ wächst die Ökonomie also ohne Übergangsprozeß für immer auf einem Pfad mit positiver Wachstumsrate. Dieses grundlegenste Modell endogenen Wachstums wurde in dieser Form zuerst von *Rebelo* (1991) dargestellt und wird aufgrund der Produktionsfunktion als „AK-Modell" bezeichnet.

Die langfristige Wachstumsrate hängt - im Gegensatz zum *Solow*-Modell - sowohl von der Sparbereitschaft als auch von der (durch A ausgedrückten) Effizienz ab. Es zeigt sich, daß kein systematischer Zusammenhang zwischen Ausgangsniveau und Wachstumsrate besteht. Regionen, die sich in allen Parametern gleichen, wachsen gleich schnell, auch wenn ihre Einkommensniveaus unterschiedlich hoch sind - es kommt nicht zur Konvergenz.

Ein Externalitätenmodell

Im Externalitätenmodell wird angenommen, daß es neben Arbeit und akkumulierbarem Kapital noch einen zweiten akkumulierbaren Faktor gibt, der hier als H (wie Humankapital) bezeichnet werden soll. Dieser wird nicht entlohnt, steht also als öffentliches Gut bereit. Seine Akkumulation macht Kapital und Arbeit produktiver:

(9) $Y = K^\alpha L^\beta H^\gamma$

Die Wachstumsrate des Sozialprodukts ergibt sich also als

(10) $\hat{Y} = \alpha\hat{K} + \beta\hat{L} + \gamma\hat{H}$

Unbegrenztes Wachstum ist dann möglich, wenn $\gamma \geq \beta$, wenn also der Beitrag des externen Faktors („Humankapital") mindestens so groß ist wie der der nicht vermehrbaren Arbeit. Im Spezialfall $\alpha+\gamma=1$ erhält man wieder die gleiche Dynamik wie im AK-Modell, da dann die akkumulierbaren Faktoren zusammen eine Produktionselastizität von 1 aufweisen. Bei $\alpha+\gamma>1$ (der von *Romer* (1986) behandelte Fall) nimmt die Wachstumsrate im Laufe der Zeit zu, es kommt also zu divergierendem Wachstum.

Das Problem dieser Produktionsfunktion liegt darin, daß zur Akkumulation von H kein ökonomischer Anreiz besteht, da H ja nicht entlohnt wird. Im Learning-by-doing-Modell (z.B. *Romer* 1986) ergibt sich der Zuwachs an Humankapital H (= Lernen) als unbeabsichtigtes Nebenprodukt bei der Investition. Die Akkumulation des Humankapitals beruht also auf einem externen Effekt der Investitionstätigkeit. In *Barros* (1990) Modell wird der externe Faktor H, der als öffentliche Infrastruktur interpretiert wird, vom Staat akkumuliert, welcher dies durch Steuern finanziert.

Da in diesen Modellen die privaten Investoren die von ihnen erzeugten externen Erträge vernachlässigen, werden sie weniger investieren, als aus gesamtwirtschaftlicher Perspektive wünschenswert wäre. Deshalb ist das gesamtwirtschaftliche Wachstum systematisch kleiner als auf dem effizienten Pfad.

Ein Innovationsmodell zunehmender Produktvielfalt

In den Innovationsmodellen wird aus Gründen der Vereinfachung vom Produktionsfaktor Kapital abstrahiert. Dafür gibt es aber eine Vielfalt von n verschiedenen Zwischenprodukten. Aus diesen wird in Verbindung mit Arbeit das Endprodukt erzeugt. Dieses kann für den Konsum, für die Entwicklung weiterer Zwischenprodukte oder für F&E verwendet werden. Das Sozialprodukt Y ergibt sich als Differenz aus Bruttoproduktion P und Vorleistungen nX, wobei X den Output pro Zwischenprodukt bezeichnet:

(11) $\quad Y = P - nX$

Durch Wahl der Mengeneinheiten (eine Einheit des Endproduktes werde zur Produktion eines Zwischenproduktes benötigt) sei nX gleich dem Input an Endprodukten in der Produktion von Zwischenprodukten.

Die Produktionsfunktion im Endproduktsektor (in einer vereinfachten Version des *Romer* (1990)-Modells) laute

(12) $\quad P = nX^\alpha L^\beta$

Bei festem X und L ist die Produktion also proportional zur Anzahl der vorhandenen Zwischenprodukte. Daraus ergibt sich für die Wachstumsrate:

(13) $\quad \hat{P} = \hat{n} + \alpha\hat{X} + \beta\hat{L}$

Durch F&E-Aufwand können nun neue Produktvarianten für Zwischenprodukte entwickelt werden, die den bestehenden hinzugefügt werden: n steigt. Für die Entwicklung einer neuen Variante brauche man μ Einheiten des Endproduktes. Der Entwickler einer solchen neuen Variante erhält ein ewig geltendes handelbares Patent. Der Preis eines solchen Patentes ergibt sich entsprechend dem Aufwand an Endprodukten als μ (ausgedrückt in Einheiten des Endproduktes). Dann hat die Gleichheit von Sparen und Investieren die Form:

(14) $\quad \mu\dot{n} = sY$

wobei $\dot{n}$ die Anzahl neu entwickelter Produktvarianten pro Zeiteinheit ist. Die Verzinsung des in Patenten angelegten Vermögens ergibt sich aus dem monopolistischen Preisaufschlag der Zwischenprodukthersteller.

Im Steady State, das von Anfang an und für immer gegeben ist, bleibt der Output pro Produktvariante X konstant. Das Sozialprodukt, die Bruttoproduktion und die Anzahl der Zwischenproduktvarianten wachsen mit derselben konstanten Rate. Diese ist proportional zur Sparquote s und umgekehrt proportional zu den pro Beschäftigten anfallenden Kosten einer Produktinnovation (μ/L). Außerdem hängt sie positiv von der Effektivität der Produktion ab.

Damit gibt es auch in dieser Modellvariante keine Konvergenztendenzen, da Wachstumsrate und Niveau (hier gemessen durch die verfügbare Anzahl von Zwischenprodukten n) unkorreliert sind. Aufgrund der monopolistischen Preisbildung ist die Marktlösung auch hier ineffizient: Da von den heterogenen Zwischenprodukten zu wenig in der Produktion eingesetzt wird, weil ihr Preis die Marginalkosten überschreitet, ist die Wachstumsrate gemessen an der effizienten Lösung zu klein.

Literaturverzeichnis

Ades, Alberto F. / Glaeser, Edward L. (1995), Trade and Circuses: Explaining Urban Giants, in: Quarterly Journal of Economics, Vol. 110 (Feb.), pp. 195-227.

Aghion, Philippe / Howitt, Peter (1992), A Model of Growth through Creative Destruction, in: Econometrica, Vol. 60, No. 2 (March), pp. 323-351.

ARL (Akademie für Raumforschung und Landesplanung) / *DATAR* (Délégation à l'Aménagement du Territoire et à l'Action Régionale) (1992), Perspektiven einer europäischen Raumordnung, erstellt von *Joël Hébard / Peter Treuner*, Hannover & Paris: ARL.

Armstrong, Harvey W. (1994), EC Regional Policy, in: *El-Agraa, A.M.* (ed.), The Economics of the European Community, 4th edition, Hemel Hempstead: Harvester Wheatsheaf, pp. 361-379.

Armstrong, Harvey W. (1995), An Appraisal of the Evidence from Cross-sectional Analysis of the Regional Growth Process within the European Union, in: *Vickerman, R.W. / Armstrong, H.W.* (eds.): Convergence and Divergence among European Regions, London: Pion, pp. 40-65.

Armstrong, Harvey W. / Taylor, J. (1993), Regional Economics and Policy, 2nd edition, Hemel Hempstead: Harvester Wheatsheaf.

Armstrong, Harvey W. / Taylor, J. / Williams, A. (1994), Regional Policy, in: *Artis, M. J. / Lee, N.* (eds.), The Economics of the European Union, Oxford: Oxford University Press, pp. 172-201.

Arnold, Lutz (1995), Neue Wachstumstheorie: Ein Überblick, in: ifo Studien, Bd. 41, Nr. 3, S. 409-444.

Arrow, Kenneth J. (1962), The Economic Implications of Learning by Doing, in: Review of Economic Studies, Vol. 29, pp. 155-173.

Audretsch, David B. / Feldman, Maryann P. (1995), Innovative Clusters and the Industry Life Cycle, CEPR Discussion Paper No. 1161.

Audretsch, David B. / Feldman, Maryann P. (1996a), Innovative Clusters and the Industry Life Cycle, in: Review of Industrial Organization, Vol. 11, pp. 253-273.

Audretsch, David B. / Feldman, Maryann P. (1996b), R&D Spillovers and the Geography of Innovation and Production, in: American Economic Review, Vol. 86, No. 3 (June), pp. 630-640.

Ausschuß der Regionen (1997), Der Ausschuß der Regionen, http://europa.eu.int/inst/de/cdr.htm (gelesen am 05.06.1997).

Bairoch, Paul (1988), Cities and Economic Development: From the Dawn of History to the Present, London: Mansell (Original: De Jéricho a Mexico: Villes et économie dans l'histoire, 1985).

Barro, Robert J. (1990), Government Spending in a Simple Model of Endogenous Growth, in: Journal of Political Economy, Vol. 98, No. 5, pp. S103-S125.

Barro, Robert J. / Sala-i-Martin, Xavier (1991), Convergence across States and Regions, in: Brookings Papers on Economic Activity, No. 1, pp. 107-182.

Barro, Robert J. / Sala-i-Martin, Xavier (1992), Public Finance in Models of Economic Growth, Review of Economic Studies, Vol. 59, No. 4, pp. 645-661.

Barro, Robert J. / Sala-i-Martin, Xavier (1995), Economic Growth, New York et al.: McGraw-Hill.

Blanchard, Olivier Jean / Katz, Lawrence F. (1992), Regional Evolutions, in: Brookings Papers on Economic Activity, No. 1, pp. 1-75.

Blaug, Mark (1979), The German Hegemony of Location Theory: A Puzzle in the History of Economic Thought, in: History of Political Economy, Vol. 11, No. 1, pp. 21-29 (wiederabgedruckt in: *Greenhut, Melvin L. / Norman, George* (eds.), The Economics of Location, Vol. I: Location Theory, Cambridge: CUP, 1995).

Bode, Eckhardt (1996), Ursachen regionaler Wachstumsunterschiede: Wachstumstheoretische Erklärungsansätze, Kieler Arbeitspapiere Nr. 740.

Bode, Eckhardt (1997), Räumlich begrenzte Wissens-Spillovers und Divergenz der regionalen Pro-Kopf-Einkommen in Deutschland, unveröffentlichter Entwurf einer Inaugural-Dissertation, Kiel (März).

Borts, George H. / Stein, Jerome L. (1964), Economic Growth in a Free Market, New York & London: Columbia University Press.

Bothe, Adrian (1987), Regionalpolitik und Marktwirtschaft, in: Die Weltwirtschaft, S. 116-128.

Böventer, Edwin von (1962a), Die Struktur der Landschaft - Versuch einer Synthese und Wieiterentwicklung der Modelle J.H. von Thünens, W. Christallers und A. Löschs, in: *Schneider, Erich* (Hrsg.), Optimales Wachstum und Optimale Standortverteilung, Schriften des Vereins für Socialpolitik, N.F. Band 27, Berlin: Duncker & Humblot, S. 77-133.

Böventer, Edwin von (1962b), Theorie des räumlichen Gleichgewichts, Tübingen: Mohr.

Böventer, Edwin von (1979), Standortentscheidung und Raumstruktur, Veröffentlichungen der Akademie für Raumforschung und Landesplanung, Abhandlungen Band 76, Hannover: Schroedel.

Böventer, Edwin von (1981), Raumwirtschaft I: Theorie, in: Handwörterbuch der Wirtschaftswissenschaften (HdWW), Bd. 6, S. 406-429.

Böventer, Edwin von (1987), Städtische Agglomerationen und regionale Wachstumszyklen: Vertikale und quer verlaufende Wellen, in: *Böventer, Edwin von* (Hrsg.), Stadtentwicklung und Strukturwandel, Schriften des Vereins für Socialpolitik, N.F. Band 168, Berlin: Duncker & Humblot, S. 9-40.

Böventer, Edwin von (1995), Raumwirtschaftstheorie, in: Akademie für Raumforschung und Landesplanung (Hrsg.), Handwörterbuch der Raumordnung, Hannover: ARL, S. 788-799.

Bretschger, Lucas (1996), Wachstumstheorie, München & Wien: Oldenbourg.

Brezis, Elise S. / Krugman, Paul (1993), Technology and the Life Cycle of Cities, NBER Working Paper No. 4561.

Brezis, Elise S. / Krugman, Paul M. / Tsiddon, Daniel (1993), Leapfrogging in International Competition: A Theory of Cycles in National Technological Leadership, in: American Economic Review, Vol. 83, No. 5 (December), pp. 1211-1219.

Bröcker, Johannes (1994), Die Lehren der neuen Wachstumstheorie für die Raumentwicklung und die Regionalpolitik, in: *Blien, Uwe / Herrmann, Hayo / Koller, Martin* (Hrsg.), Regionalentwicklung und regionale Arbeitsmarktpoolitik - Konzepte zur Lösung regionaler Arbeitsmarktprobleme?, IAB, BeitrAB 184, S. 29-50.

Bröcker, Johannes (1997), Economic Integration and the Space Economy: Lessons from New Theory, in: *Peschel, Karin* (ed.), Regional Growth and Regional Policy Within the Framework of European Integration, Proceedings of a Conference on the Occasion of 25 Years Institute for Regional Research at the University of Kiel 1995, Heidelberg: Physica, S. 20-35.

Bundesministerium für Raumordnung, Bauwesen und Städtebau (1993), Raumordnungspolitischer Orientierungsrahmen - Leitbilder für die räumliche Entwicklung der Bundesrepublik Deutschland, Bonn-Bad Godesberg.

Bundesministerium für Raumordnung, Bauwesen und Städtebau, Hrsg. (1995), Grundlagen einer Europäischen Raumentwicklungspolitik, Bonn: Bundesforschungsanstalt für Landeskunde und Raumordnung.

Buttler, Friedrich / Hirschenauer, Franziska (1995), Wachstumspole, in: Akademie für Raumforschung und Landesplanung (Hrsg.), Handwörterbuch der Raumordnung, Hannover: ARL, S. 1058-1063.

Button, Kenneth J. / Pentecost, Eric J. (1995), Testing for Convergence of the EU Regional Economies, in: Economic Inquiry, Vol. 33 (October), pp. 664-671.

Cass, David (1965), Optimum Growth in an Aggregative Model of Capital Accumulation, in: Review of Economic Studies, Vol. 32 (July), pp. 233-240.

Cheshire, Paul / Carbonaro, Gianni (1995), Convergence/Divergence in Regional Growth Rates: An Empty Black Box?, University of Reading, Department of Economics, Discussion Papers in Urban and Regional Economics, Series C, Vol. VIII, No. 109.

Christaller, Walter (1933), Die zentralen Orte in Süddeutschland - Eine ökonomisch-geographische Untersuchung über die Gesetzmäßigkeit der Verbreitung und Entwicklung der Siedlungen mit städtischen Funktionen, Jena (Repographischer Nachdruck, Darmstadt: Wissenschaftliche Buchgesellschaft, 1968).

Christaller, Walter (1950), Das Grundgerüst der räumlichen Ordnung in Europa - Die Systeme der europäischen zentrale Orte, Frankfurter Geographische Hefte, 24. Jg., Heft 1, Frankfurt: Kramer.

Coase, Ronald H. (1937), The Nature of the Firm, in: Economica, Vol. 4, pp. 386-405.

Coase, Ronald H. (1960), The Problem of Social Cost, in: The Journal of Law and Economics, Vol. 3 (October), pp. 1-44.

DeLong, J. Bradford / Shleifer, Andrei (1993), Princes and Merchants: European City Growth before the Industrial Revolution, in: Journal of Law and Economics, Vol. 36 (October), pp. 671-702.

Dixit, Avinash K. / Stiglitz, Joseph E. (1977), Monopolistic Competition and Optimum Product Diversity, in: American Economic Review, Vol. 67, No. 3, pp. 297-308.

Dixon, R. / Thirlwall, A.P. (1975), A Model of Regional Growth-Rate Differences on Kaldorian Lines, in: Oxford Economic Papers, N.S., Vol. 27, pp. 201-214.

Doeringer, Peter. B. / Terkla, David G. (1996), Why Do Industries Cluster?, in: *Staber, Udo H. / Schaefer, Norbert V. / Sharma, Basu* (eds.), Business Networks: Prospects for Regional Development, De Gruyter Studies in Organization 73, Berlin & New York: de Gruyter, pp. 175-189.

Döring, Thomas (1993) (unter Leitung von *Horst Zimmermann*), Subsidiaritätsprinzip und EG-Regionalpolitik, Gesellschaft für Regionale Strukturentwicklung, Schriftenreihe Bd. 19, Bonn.

Eckey, Hans-Friedrich (1978), Grundlagen der regionalen Strukturpolitik: Eine problemorientierte Einführung, Köln: Bund.

Eckey, Hans-Friedrich (1995), Regionale Strukturpolitik, in: Akademie für Raumforschung und Landesplanung (Hrsg.), Handwörterbuch der Raumordnung, Hannover: ARL, S. 815-821.

Eekhoff, Johann (1995), Regionale Strukturpolitik in der Europäischen Union versus Wettbewerb der Regionen, in: *Gerken, Lüder* (Hrsg.), Europa zwischen Ordnungswettbewerb und Harmonisierung - Europäische Ordnungspolitik im Zeichen der Subsidiarität, Berlin et al.: Springer (Walter Eucken Institut), S. 315-328.

EG-Vertrag (Vertrag zur Gründung der Europäischen Gemeinschaft), zitiert gemäß: Europäischer Unionsvertrag: Vertrag über die Europäische Union (Maastricht-Vertrag) mit sämtlichen Protokollen und Erklärungen, Vertrag zur Gründung der Europäischen Gemeinschaft (EG-Vertrag), Deutsches Recht zur Verwirklichung der Europäischen Union, Textausgabe mit einer Einführung von Professor Dr. *Eberhard Grabitz*, 3. aktualisierte Auflage, Stand: 1. Mai 1995, München: Beck-Texte (im Deutschen Taschenbuch Verlag).

empirica - Gesellschaft für Struktur- und Stadtforschung (1996), Dezentrale Konzentration - Neue Perspektiven der Siedlungsentwicklung in den Stadregionen? - Ansätze für die Bewältigung neuer siedlungsstruktureller Problemstellungen in den großen Stadtregionen des Bundesgebietes, Schriftenreihe „Forschung" des Bundesministeriums für Raumordnung, Bauwesen und Städtebau, Heft Nr. 497, Bonn.

Enright, Michael J. (1996), Regional Clusters and Economic Development: A Research Agenda, in: *Staber, Udo H. / Schaefer, Norbert V. / Sharma, Basu* (eds.), Business Networks: Prospects for Regional Development, De Gruyter Studies in Organization 73, Berlin & New York: de Gruyter, pp. 190-213.

Eucken, Walter (1952), Grundsätze der Wirtschaftspolitik, 6. Aufl. 1990, Tübingen: Mohr.

Europäische Kommission (1995a) (European Commission, Directorate-General for Regional Policies), Outlook for the Regions: Growth, Competitiveness, Employment, 5th Periodic Report, Fact Sheet 15.02.1995 EN, Inforegio, Luxembourg: Office for Official Publications of the European Communities.

Europäische Kommission (1995b) (EG-Regionalpolitik), Europa 2000+ - Europäische Zusammenarbeit bei der Raumentwicklung, Brüssel & Luxemburg: Amt für amtliche Veröffentlichungen der Europäischen Gemeinschaften.

Europäische Kommission (1995c) (European Commission, Directorate-General for Regional Policies), Regional Planning for the Year 2000, Europe 2000+, Fact Sheet 14.04.1995 EN, Inforegio, Luxembourg: Office for Official Publications of the European Communities.

Europäische Kommission (1996) (Europäische Union, Regionalpolitik und Kohäsion), Europa fördert die regionale Entwicklung, 2. Ausgabe, Luxemburg: Amt für amtliche Veröffentlichungen der Europäischen Gemeinschaften.

Europäische Kommission (1997a), Erster Kohäsionsbericht 1996, Offizielle Publikation der Generaldirektion 16, zitiert nach der unter http://europa.eu.int/en/comm/dg16/publ/official.htm verfügbaren Version.

Europäische Kommission (1997b) (Europäische Union, Regionalpolitik und Kohäsion), Die Auswirkungen der Strukturpolitik auf die wirtschaftliche und soziale Kohäsion in der

Union 1989-1999, Erste Ergebnisse - dargestellt nach Ländern, Regionale Entwicklungsstudien 26, Brüssel & Luxemburg: Amt für amtliche Veröffentlichungen der Europäischen Gemeinschaften.

Feldman, Maryann P. / Audretsch, David B. (1996), Location, Location, Location: The Geography of Innovation and Knowledge Spillovers, WZB (Wissenschaftszentrum Berlin für Sozialforschung) discussion papers FS IV 96-28.

Feldman, Maryann P. / Florida, Richard (1995), The Geographic Sources of Innovation: Technological Infrastructure and Product Innovation in the United States, in: Annals of the Association of American Geographers, Vol. 84, No. 2, pp. 210-229.

Fujita, Masahisa / Thisse, Jacques-François (1996), Economics of Agglomeration, in: Journal of Japanese and International Economies, Vol. 10, pp. 339-378.

Fürst, Dieter / Klemmer, Paul / Zimmermann, Klaus (1976), Regionale Wirtschaftspolitik, Tübingen: Mohr & Düsseldorf: Werner.

Gaebe, Wolf (1987), Verdichtungsräume: Strukturen und Prozesse in weltweiten Vergleichen, Stuttgart: Teubner.

Gaebe, Wolf (1991), Agglomerationsräume in West- und Osteuropa, in: Johann-Gottfried-Herder-Institut (Hrsg.), Agglomerationen in Ost und West, Wirtschafts- und Sozialwissenschaftliche Ostmitteleuropa-Studien 16, Marburg, S. 3-21.

Gans, Joshua S. / Shepherd, George B. (1994), How Are the Mighty Fallen: Rejected Classic Articles by Leading Economists, in: Journal of Economic Perspectives, Vol. 8, No. 1 (Winter), pp. 165-179.

Gaspar, Jess / Glaeser, Edward L. (1996), Information Technology and the Future of Cities, Harvard Institute of Economic Research, Discussion Paper No. 1756.

Giersch, Herbert (1949), Economic Union Between Nations and the Location of Industries, in: Review of Economic Studies, Vol. 17 (1949/50), pp. 87-97.

Giersch, Herbert (1964), Das ökonomische Grundproblem der Regionalpolitik, in: *Jürgensen, Harald* (Hrsg.), Gestaltungsprobleme der Weltwirtschaft, *Andreas Predöhl* aus Anlaß seines 70. Geburtstages gewidmet, Göttingen: Vandenhoeck & Ruprecht, S. 386-400.

Giersch, Herbert (1979), Aspects of Growth, Structural Change, and Employment - A Schumpeterian Perspective, in: Weltwirtschaftliches Archiv, Vol. 115, pp. 629-652.

Glaeser, Edward L. / Kallal, Hedi D. / Scheinkman, José A. / Shleifer, Andrei (1992), Growth in Cities, in: Journal of Political Economy, Vol. 100, No. 6, pp. 1126-1152.

Glaeser, Edward L. / Scheinkman, José A. / Shleifer, Andrei (1995), Economic Growth in a Cross-Section of Cities, in: Journal of Monetary Economics, Vol. 36, pp. 117-143.

Grossman, Gene M. / Helpman, Elhanan (1989), Product Development and International Trade, in: Journal of Political Economy, Vol. 97, No. 6, pp. 1261-1283.

Grossman, Gene M. / Helpman, Elhanan (1991), Innovation and Growth in the Global Economy, Cambridge & London: MIT Press.

Grubel, Herbert G. (1992), Die Neue Wachstumstheorie auf dünnem Eis, in: Neue Zürcher Zeitung, 29./30.11. (Nr. 278), S. 17-18.

Gutmann, Gernot (1996), Wirtschaftsordnung und Raumordnungspolitik, in: *Jenkis, Helmut W.* (Hrsg.), Raumordnung und Raumordnungspolitik, München & Wien: Oldenbourg, S. 170-183.

Hampe, Johannes (1987), Stadtentwicklung und Städtesysteme im sektoralen Strukturwandel - Ansätze zu einer Dynamisierung der Standorttheorie, in: *Böventer, Edwin von* (Hrsg.), Stadtentwicklung und Strukturwandel, Schriften des Vereins für Socialpolitik, N.F. Band 168, Berlin: Duncker & Humblot, S. 42-65.

Hampe, Johannes / Koll, Robert (1989), Regionale Entwicklung und langfristiger Wandel der Arbeitsteilung: Theoretische Zusammenhänge und empirische Analyse am Beispiel der langfristigen Entwicklung ausgewählter Sektoren in Bayern, in: *Böventer, Edwin von* (Hrsg.), Regionale Beschäftigung und Technologieentwicklung, Schriften des Vereins für Socialpolitik, Bd. 189, Berlin: Duncker & Humblot, S. 39-80.

Hayek, Friedrich A. von (1969), Der Wettbewerb als Entdeckungsverfahren, in: *Hayek, Friedrich A. von*, Freiburger Studien, Gesammelte Aufsätze, Walter Eucken Institut, Wirtschaftswissenschaftliche und wirtschaftsrechtliche Untersuchungen Nr. 5, Tübingen: Mohr, S. 249-265.

Hayek, Friedrich August von (1971), Die Verfassung der Freiheit, Walter Eucken Institut, Wirtschaftswissenschaftliche und wirtschaftsrechtliche Untersuchungen Nr. 7, Tübingen: Mohr.

Hayek, Friedrich A. von (1972), Die Theorie komplexer Phänomene, Walter Eucken Institut, Vorträge und Ausätze Nr. 36, Tübingen: Mohr.

Hayek, Friedrich A. von (1975), Die Anmaßung von Wissen, in: ORDO, Bd. 26, S. 12-21.

Hayek, Friedrich A. von (1976), Die Verwertung des Wissens in der Gesellschaft, in: *Hayek, Friedrich A. von*, Individualismus und wirtschaftliche Ordnung, 2. erw. Aufl., Salzburg, S. 103-121 (Original: The Use of Knowledge in Society, in: American Economic Review, Vol. 35, 1945).

Henderson, J. Vernon (1996), Ways to Think about Urban Concentration: Neoclassical Urban Systems versus the New Economic Geography, in: International Regional Science Review, Vol. 19, No. 1&2, pp. 31-36.

Herodot (1971), Geschichten und Geschichte, hrsg. u. übers. von *Walter Marg*, Die Bibliothek der alten Welt, Zürich & München: Artemis.

Heuß, Ernst (1955), Wirtschaftssysteme und internationaler Handel, St. Galler Wirtschaftswissenschaftliche Forschungen, Band 11, Zürich & St. Gallen: Polygraphischer Verlag.

Heuß, Ernst (1965), Allgemeine Markttheorie, Tübingen: Mohr.

Hirschman, Albert O. (1967), Die Strategie der wirtschaftlichen Entwicklung, Ökonomische Studien Band 13, Stuttgart: Fischer (Original: The Strategy of Economic Development, 1958).

Hitiris, T. (1994), European Community Economics, 3rd ed., Hemel Hempstead: Harvester Wheatsheaf.

Hoover, E.M. Jr. (1937), Location Theory and the Shoe and Leather Industries, Harvard Economic Studies 55, Cambridge, Mass. & Oxford.

Isard, Walter (1956), Location and Space-Economy - A General Theory Relating to Industrial Location, Market Areas, Land Use, Trade, and Urban Structure, Cambridge, Mass. & London: MIT Press (first paperback printing 1972).

Isserman, Andrew M. (1996), „It's Obvious, It's Wrong, and Anyway They Said It Years Ago"? Paul Krugman on Large Cities, in: International Regional Science Review, Vol. 19, No. 1&2, pp. 37-48.

Jacobs, Jane (1969), The Economy of Cities, Harmondsworth: Penguin (1972 imprint).

Jaffe, Adam B. / Trajtenberg, Manuel / Henderson, Rebecca (1993), Geographic Localization of Knowledge Spillovers as Evidenced by Patent Citations, in: The Quarterly Journal of Economics (August), pp. 577-598.

Jochimsen, Reimut (1995), Infrastruktur, in: Akademie für Raumforschung und Landesplanung (Hrsg.), Handwörterbuch der Raumordnung, Hannover: ARL, S. 490-498.

Junius, Karsten (1996a), Limits to Industrial Agglomeration, Kiel Working Paper No. 762.

Junius, Karsten (1996b), Economic Development and Industrial Concentration: An Inverted U-Curve, Kiel Working Paper No. 770.

Junius, Karsten (1997), Economies of Scale: A Survey of the Empirical Literature, Preliminary Version, unveröffentlichtes Manuskript, Kiel Institute of World Economics.

Jürgensen, Harald (1981), Raumwirtschaft II: Politik, in: Handwörterbuch der Wirtschaftswissenschaften (HdWW), Bd. 6, S. 429-441.

Kaldor, Nicholas (1970), The Case for Regional Policies, in: Scottish Journal of Political Economy, Vol. 17 (November), pp. 337-348.

Klaus, Joachim (1981), Raumwirtschaft II: Ordnung, in: Handwörterbuch der Wirtschaftswissenschaften (HdWW), Bd. 6, S. 442-456.

Klemmer, Paul (1978), Anspruch und Wirklichkeit der regionalen Strukturpolitik, in: *Besters, Hans* (Hrsg.), Strukturpolitik wozu? - Technokratischer Interventionismus versus marktwirtschaftliche Ordnungspolitik, Gespräche der List Gesellschaft e. V., N.F. Band 3, Baden-Baden: Nomos, S. 25-40.

Klemmer, Paul (1986), Regionalpolitik auf dem Prüfstand, Köln: Bundesverband der Deutschen Industrie.

Kloten, Norbert (1968), Alternative Konzepte der Regionalpolitik, in: *Schneider, Hans K.* (Hrsg.), Beiträge zur Regionalpolitik, Schriften des Vereins für Socialpolitik, N.F. Band 41, Berlin: Duncker & Humblot, S. 18-35.

Klump, Rainer (1995), On the Institutional Determinants of Economic Development - Lessons from a Stochastic Neoclassical Growth Model, in: Jahrbuch für Sozialwissenschaft, Jg. 46, S. 138-151.

Knack, Steve (1996), Institutions and the Convergence Hypothesis: The Cross-national Evidence, in: Public Choice, Vol. 87, pp. 207-228.

Koopmans, Tjalling C. (1965), On the Concept of Optimal Economic Growth, in: The Econometric Approach to Development Planning, Amsterdam: North Holland.

Krätzschmar, Sabine (1995), Theorie und Empirie der Regionalpolitik - Zur Erfolgswirksamkeit der Regionalpolitik in der Europäischen Union, Bayreuther Beiträge zur Volkswirtschaftslehre, Bd. 17, Fuchsstadt: Wilfer.

Krautzberger, Michael (1995), Leitlinien der Raumordnungspolitik, in: *Jenkis, Helmut W.* (Hrsg.), Raumordnung und Raumordnungspolitik, München: Oldenbourg, S. 184-195.

Krieger-Boden, Christiane (1987), Zur Regionalpolitik der Europäischen Gemeinschaft, in: Die Weltwirtschaft, S. 82-96.

Krieger-Boden, Christiane (1995a), Die räumliche Dimension in der Wirtschaftstheorie - Ältere und neuere Erklärungsansätze, Kieler Sonderpublikationen, Institut für Weltwirtschaft, Kiel.

Krieger-Boden, Christiane (1995b), Neue Argumente für Regionalpolitik? Zur Fundierung der Regionalpolitik in älteren und neueren regionalökonomischen Theorien, in: Die Weltwirtschaft, S. 193-215.

Krugman, Paul R. (1991a), Increasing Returns and Economic Geography, in: Journal of Political Economy, Vol. 99, No. 3, pp. 483-499.

Krugman, Paul R. (1991b), Cities in Space: Three Simple Models, NBER Working Paper No. 3607.

Krugman, Paul R. (1991c), Geography and Trade, London & Leuven: MIT Press & Leuven University Press (first MIT Press paperback edition, 1993).

Krugman, Paul R. (1992), A Dynamic Spatial Model, NBER Working Paper No. 4219.

Krugman, Paul R. (1993a), First Nature, Second Nature, and Metropolitan Location, in: Journal of Regional Science, Vol. 33, No. 2, pp. 129-144.

Krugman, Paul R. (1993b), On the Number and Location of Cities, in: European Economic Review, Vol. 37, pp. 293-298.

Krugman, Paul R. (1994a), Complex Landscapes in Economic Geography, in: American Economic Review, Papers and Proceedings, Vol. 84, No. 2 (May), pp. 412-416.

Krugman, Paul R. (1994b), Fluctuations, Instability, and Agglomeration, NBER Working Paper No. 4616.

Krugman, Paul R. (1995), Development, Geography, and Economic Theory, Ohlin Lectures, Cambridge & London: MIT Press.

Krugman, Paul R. (1996a), The Self-Organizing Economy, Cambridge, Mass. & Oxford, UK: Blackwell Publishers.

Krugman, Paul R. (1996b), Urban Concentration: The Role of Increasing Returns and Transport Costs, in: International Regional Science Review, Vol. 19, No. 1&2, pp. 5-30.

Krugman, Paul R. / Obstfeld, Maurice (1994), International Economics - Theory and Policy, 3rd ed., New York: Harper Collins.

Krugman, Paul R. / Venables, Anthony J. (1990), Integration and the Competitiveness of Peripheral Industry, in: *Bliss, C. / Brago de Macedo, J.* (eds.): Unity with Diversity in the European Economy: The Community's Southern Frontier, Cambridge University Press, pp. 56-75.

Krugman, Paul R. / Venables, Anthony J. (1995), Globalization and the Inequality of Nations, in: The Quarterly Journal of Economics, Vol. 110, No. 4, pp. 858-880.

Krugman, Paul R. / Venables, Anthony J. (1996), Integration, Specialization, and Adjustment, in: European Economic Review, Vol. 40, pp. 959-967.

Krüsselberg, Hans-Günter (1969), Marktwirtschaft und Ökonomische Theorie - Ein Beitrag zur Theorie der Wirtschaftspolitik, Freiburg: Rombach.

Krüsselberg, Hans-Günter (1997), Humanvermögen in evolutionären Wettbewerbsprozessen, in: *Delhaes, Karl von / Fehl, Ulrich* (Hrsg.): Dimensionen des Wettbewerbs - Seine Rolle in der Entstehung und Ausgestaltung von Wirtschaftsordnungen, Schriften zu Ordnungsfragen der Wirtschaft, Band 52, Suttgart, S. 141-178.

Lachmann, Ludwig M. (1963), Wirtschaftsordnung und wirtschaftliche Institutionen, in: ORDO, Band 14, S. 63-77.

Lammers, Konrad (1996), Die europäische Beihilfenaufsicht im Spannungsfeld zwischen Wettbewerbsziel und Kohäsionsanliegen, in: Wirtschaftsdienst, Nr. 10, S. 509-512.

Lasuén, J.R. (1973), Urbanisation and Development - the Temporal Interaction between Geographical and Sectoral Clusters, in: Urban Studies, Vol. 10, pp. 163-188.

Launhardt, Wilhelm (1885), Mathematische Begründung der Volkswirtschaftslehre, Leipzig (Neudruck mit Vorwort von *Erich Schneider*, Aalen: Scientia, 1963).

Lösch, August (1938), The Nature of Economic Regions, in: Southern Economic Journal, Vol. 5, No. 1, pp. 71-78.

Lösch, August (1943), Die räumliche Ordnung der Wirtschaft, 3., unveränderte Auflage (1962) mit einem Vorwort von *Wolfgang F. Stolper*, Stuttgart: Fischer.

Lucas, Robert E. Jr. (1988), On the Mechanics of Economic Development, in: Journal of Monetary Economics, Vol. 22, pp. 3-42.

Malchus, Viktor Freiherr von (1995), Europäische Raumordnung, in: Akademie für Raumforschung und Landesplanung (Hrsg.), Handwörterbuch der Raumordnung, Hannover: ARL, S. 261-268.

Mallossek, Jörg (1996), Reform der EU-Strukturpolitik im Hinblick auf die Osterweiterung, in: Orientierungen zur Wirtschafts- und Gesellschaftspolitk, Nr. 69 (3/1996), S. 17-21.

Mankiw, N. Gregory (1995), The Growth of Nations, in: Brookings Papers on Economic Activity, No. 1, pp. 275-326.

Marshall, Alfred (1920), Principles of Economics - An Introductory Volume, 8th ed., London: Macmillan (9th ed., 1961).

Martin, Reiner / Schulze Steinen, Mathias (1995), Regional Policy and Competition Policy in the European Union - Are They Consistent?, Europa-Kolleg Hamburg, Institut für Integrationsforschung, Diskussionspapier 2/95.

Martin, Reiner / Schulze Steinen, Mathias (1997), State Aid, Regional Policy and Locational Competition in the European Union, in: European Urban and Regional Studies, Vol. 4, No. 1, pp. 19-31.

Mauro, Luciano / Podrecca, Elena (1994), The Case of Italian Regions: Convergence or Dualism?, in: Economic Notes, Monte dei Paschi di Siena, Vol. 24, No. 3, pp. 447-472.

Maußner, Alfred / Klump, Rainer (1996), Wachstumstheorie, Berlin et al.: Springer.

Mertins, Günter (1993), Die Rolle der Agglomerationen in den Vorstellungen der Bundesrepublik Deutschland für ein europäisches Raumordnungskonzept, in: *Mertins, Günter* (Hrsg.), Vorstellungen der Bundesrepublik Deutschland zu einem europäischen Raumordnungskonzept - Referate eines Workshops am 26.27.4.1993 in Marburg, Marburger Geographische Schriften Heft 125, Marburg: Marburger Geographische Gesellschaft, S. 107-124.

Miracky, William F. (1995), Economic Growth in Cities: The Role of Localization Externalities, Ph.D. Thesis, M.I.T..

Mises, Ludwig von (1949), Human Action - A Treatise on Economics, New Haven: Yale University Press.

Müller, J. Heinz (1960) (unter Mitarbeit von *Bruno Dietrichs* und *J. Klaus*), Grenzen der Raumpolitik im Rahmen einer Marktwirtschaft - zugleich ein Beitrag zum Problem der Marktkonfomität, in: ORDO, Bd. 12 (1960/61), S. 147-185.

Müller, J. Heinz (1977), Ballung, in: Handwörterbuch der Wirtschaftswissenschaften (HdWW), Bd. 1, S. 454-463.

Müller-Armack, Alfred (1946), Wirtschaftslenkung und Marktwirtschaft, wiederabgedruckt in: *Müller-Armack, Alfred* (1966), Wirtschaftsordnung und Wirtschaftspolitik - Studien und Konzepte zur Sozialen Marktwirtschaft und zur Europäischen Integration, Freiburg: Rombach, S. 19-170.

Müller-Armack, Alfred (1960), Die zweite Phase der Sozialen Marktwirtschaft - Ihre Ergänzung durch das Leitbild einer neuen Gesellschaftspolitik, wiederabgedruckt in: *Müller-Armack, Alfred* (1966), Wirtschaftsordnung und Wirtschaftspolitik - Studien und Konzepte zur Sozialen Marktwirtschaft und zur Europäischen Integration, Freiburg: Rombach, S. 267-291.

Müller-Armack, Alfred (1962), Das gesellschaftspolitische Leitbild der Sozialen Marktwirtschaft, wiederabgedruckt in: *Müller-Armack, Alfred* (1966), Wirtschaftsordnung und Wirtschaftspolitik - Studien und Konzepte zur Sozialen Marktwirtschaft und zur Europäischen Integration, Freiburg: Rombach, S. 293-315.

Myrdal, Gunnar (1959), Ökonomische Theorie und unterentwickelte Regionen, Stuttgart: Fischer (Original: Economic Theory and Under-developed Regions).

Nägele, Frank (1996), Der Wandel der regionalen Wirtschaftspolitik durch die deutsche Vereinigung, in: Orientierungen zur Wirtschafts- und Gesellschaftspoilitk, Nr. 69 (3/1996), S. 12-16.

Neumann, Manfred (1991), Theoretische Volkswirtschaftslehre II - Produktion, Nachfrage und Allokation, 3. Aufl., München: Vahlen.

North, Douglass C. (1989), Institutions and Economic Growth: An Historical Introduction, in: World Development, Vol. 17, No. 9, pp. 1319-1332.

Norton, R.D. / Rees, J. (1979), The Product Cycle and the Spatial Decentralization of American Manufacturing, in: Regional Studies, Vol. 13, pp. 141-151.

Oberender, Peter (1988), Marktdynamik und internationaler Handel - eine theoretische und empirische Analyse anhand der amerikanischen Uhrenindustrie von 1965-1978, Tübingen: Mohr.

Ohlin, Bertil (1933), Interregional and International Trade, Cambridge: Harvard University Press (Reprint 1952).

Olson, Mancur Jr. (1982), The Rise and Decline of Nations - Economic Growth, Stagflation, and Social Rigidities, Yale University Press: New Haven & London.

Olson, Mancur Jr. (1993), Why Are Differences in Per Capita Incomes So Large and Persistent?, in: *Siebert, Horst* (ed.), Economic Growth in the World Economy: Symposium 1992/ Institut für Weltwirtschaft an der Universität Kiel, Tübingen: Mohr, pp. 193-214.

Olson, Mancur Jr. (1996), Big Bills Left on the Sidewalk: Why Some Nations are Rich, and Others Poor - Distinguished Lecture on Economics in Government, in: Journal of Economic Perspectives, Vol. 10, No. 2 (Spring), pp. 3-24.

Oppenländer, Karl Heinrich (1988), Wachstumstheorie und Wachstumspolitik - Die Strukturdynamik als wesentlicher Erklärungsfaktor des wirtschaftlichen Wachstums und als Ansatzpunkt für eine innovationsbezogene Wachstumspolitik, München: Vahlen.

Pecorino, Paul (1992), Rent Seeking and Growth: The Case of Growth Through Human Capital Accumulation, in: Canadian Journal of Economics, Vol. 25, No. 4, pp. 944-956.

Perroux, Francois (1970), Note on the Concept of „Growth Poles", in: *McKee, David L. / Dean, Robert D. / Leahy, William H.* (eds.), Regional Economics: Theory and Practice, New York: The Free Press, pp. 93-103 (Übersetzung von: „Note sur la Notion de 'pole de croissance'", Economie Appliquee, 1955).

Porter, Michael E. (1991), Nationale Wettbewerbsvorteile - Erfolgreich konkurrieren auf dem Weltmarkt, München: Droemer Knaur (Original: The Competitive Advantage of Nations).

Porter, Michael E. (1996), Competitive Advantage, Agglomeration Economies, and Regional Policy, in: International Regional Science Review, Vol. 19, No. 1&2, pp. 85-94.

Predöhl, Andreas (1971), Außenwirtschaft, 2. völlig überarbeitete Aufl., Grundriß der Sozialwissenschaft Band 17, Göttingen: Vandenhoeck & Ruprecht.

Quah, Danny T. (1993), Galton's Fallacy and Tests of the Convergence Hypothesis, in: Scandinavian Journal of Economics, Vol. 95, No. 4, pp. 427-443.

Quah, Danny T. (1996a), Regional Convergence Clusters across Europe, in: European Economic Review, Vol. 40, pp. 951-958.

Quah, Danny T. (1996b), Empirics for Economic Growth and Convergence, in: European Economic Review, Vol. 40, pp. 1353-1375.

Rama, Martin (1993), Rent Seeking and Economic Growth - A Theoretical Model and Some Empirical Evidence, in: Journal of Development Economics, Vol. 42, pp. 35-50.

Ramsey, Frank (1928), A Mathematical Theory of Saving, in: Economic Journal, Vol. 38 (December), pp. 543-559.

Rebelo, Sergio (1991), Long-Run Policy Analysis and Long-Run Growth, in: Journal of Political Economy, Vol. 99, No. 3, pp. 500-521.

Richardson, Harry W. (1973), Regional Growth Theory, London & Basingstoke: Macmillan.

Ridinger, Rudolf (1992), Aktuelle Diskussionen zur Finanzausstattung und Reform der EG-Regionalförderung, in: Wirtschaftsdienst, Nr. 12, S. 649-654.

Rivera-Batiz, Luis A. / Romer, Paul M. (1991a), International Trade with Endogenous Technological Change, in: European Economic Review, Vol. 35, pp. 971-1004.

Rivera-Batiz, Luis A. / Romer, Paul M. (1991b), Economic Integration and Endogenous Growth, in: Quarterly Journal of Economics, Vol. 106, pp. 531-555.

Romer, Paul M. (1986), Increasing Returns and Long-Run Growth, in: Journal of Political Economy, vol. 94, No. 5, pp. 1002-1037.

Romer, Paul M. (1987), Growth Based on Increasing Returns Due to Specialization, in: American Economic Review, Papers and Proceedings, Vol. 77, No. 2 (May), pp. 56-62.

Romer, Paul M. (1990), Endogenous Technological Change, in: Journal of Political Economy, Vol. 98, No. 5, pp. S71-S102.

Romer, Paul M. (1993), Idea Gaps and Object Gaps in Economic Development, in: Journal of Monetary Economics, Vol. 32, pp. 543-573.

Romer, Paul M. (1994), The Origins of Endogenous Growth, in: Journal of Economic Perspectives, Vol. 8, No. 1, pp. 3-22.

Röpke, Wilhelm (1942), Die Gesellschaftskrisis der Gegenwart, 4. (durchges.) Aufl., Erlenbach-Zürich: Rentsch.

Röpke, Wilhelm (1954), Internationale Ordnung - heute, 3. Aufl. 1979 (Nachdruck der 2. Aufl.), Bern: Paul Haupt.

Rose, Klaus (1973), Grundlagen der Wachstumstheorie - Eine Einführung, 6. Aufl. (1995), Göttingen: Vandenhoeck & Ruprecht.

Rüter, Georg (1987), Regionalpolitik im Umbruch - Ordnungstheoretische und -politische Überlegungen zur regionalen Wirtschaftspolitik in der Bundesrepublik Deutschland unter besonderer Berücksichtigung der Situation der Freien Hansestadt Bremen, Schriften zur Nationalökonomie, Band 2, Bayreuth: Verlag P.C.O..

Saether, Arild / Schmidt-Nissen, Nicola / Lorenz, Kerstin (1997), The Role of the Regions in the European Union - The Future of the Committee of the Regions, in: *Peschel, Karin* (ed.), Regional Growth and Regional Policy Within the Framework of European Integration, Proceedings of a Conference on the Occasion of 25 Years Institute for Regional Research at the University of Kiel 1995, Heidelberg: Physica, pp. 87-110.

Sala-i-Martin, Xavier X. (1994), La riqueza de las regiones. Evidencia y teorías sobre crecimiento regional y convergencia, in: Moneda y credito, No. 198, pp. 13-70.

Sala-i-Martin, Xavier X. (1996), Regional cohesion: Evidence and Theories of Regional Growth and Convergence, in: European Economic Review, Vol. 40, pp. 1325-1352.

Sala-i-Martin, Xavier X. / Barro, Robert J. (1995), Technological Diffusion, Convergence and Growth, Economic Growth Center, Yale University, Center Discussion Paper No. 735.

Samuelson, Paul A. (1953), Prices of Factors and Goods in General Equilibrium, in: Review of Economic Studies, Vol. 21 (1953/54), pp. 1-14.

Schätzl, Ludwig (1993), Regionalentwicklung der EG im Überblick, in: *Schätzl, Ludwig* (Hrsg.), Wirtschaftsgeographie der Europäischen Gemeinschaft, Paderborn et al.: Schöningh, S. 11-52.

Schätzl, Ludwig (1996), Wirtschaftsgeographie 1: Theorie, 6. Aufl., Uni-Taschenbücher 782, Paderborn et al.: Schöningh.

Schmutzler, Armin (1995), The Role of Externalities in the Explanation of Agglomeration Patterns - A Survey of Recent Theoretical and Empirical Work, Universität Heidelberg, Diskussionsschriften (Discussion Papers) Nr. 222..

Schneider, Hans K. (1968), Über die Notwendigkeit regionaler Wirtschaftspolitik, in: *Schneider, Hans K.* (Hrsg.), Beiträge zur Regionalpolitik, Schriften des Vereins für Socialpolitik, N.F. Band 41, Berlin: Duncker & Humblot, S. 3-17.

Schrader, Manfred (1993), Altindustrieregionen der EG, in: *Schätzl, Ludwig* (Hrsg.), Wirtschaftsgeographie der Europäischen Gemeinschaft, Paderborn et al.: Schöningh, S. 111-166.

Schüller, Alfred (1986), Die institutionellen Voraussetzungen einer marktwirtschaftlichen Ordnung, in: *Vaubel, R. / Barbier, M.D.* (Hrsg.), Handbuch Marktwirtschaft, Pfullingen, S. 34-44.

Schüller, Alfred (1993), Die Agglomerationsproblematik aus Sicht des Ökonomen - Anmerkungen zum Referat von Günter Mertins, in: *Mertins, Günter* (Hrsg.), Vorstellungen der Bundesrepublik Deutschland zu einem europäischen Raumordnungskonzept - Referate eines Workshops am 26.27.4.1993 in Marburg, Marburger Geographische Schriften Heft 125, Marburg: Marburger Geographische Gesellschaft, S. 125-142.

Schüller, Alfred (1994), Die Europäische Union vor der Frage der Osterweiterung: Entscheidungslinien und Hindernisse, in: Leipold, Helmut (Hrsg.), Ordnungsprobleme Europas: Die Europäische Union zwischen Vertiefung und Erweiterung, MGOW Arbeitsberichte Nr. 18, Marburg: MGOW, S. 79-108.

Schumpeter, Joseph (1911), Theorie der wirtschaftlichen Entwicklung, 8. Aufl. 1993, Berlin: Duncker & Humblot.

Schumpeter, Joseph (1950), Kapitalismus, Sozialismus und Demokratie, 6. Aufl., Tübingen (englisches Original 1942).

Scitovsky, Tibor (1954), Two Concepts of External Economies, in: Journal of Political Economy, Vol. 62, pp. 143-151.

Scotchmer, Suzanne / Thisse, Jacques-François (1992), Space and Competition - A Puzzle, in: The Annals of Regional Science, Vol. 26, pp. 269-286.

Segerstrom, Paul S. / Anant, T.C.A. / Dinopoulos, Elias (1990), A Schumpeterian Model of the Product Life Cycle, in: The American Economic Review, Vol. 80, No. 5 (December), pp. 1077-1091.

Shieh, Yeung-Nan (1992), Launhardt on Von Thünen's Rings - A Note, in: Regional Science and Urban Economics, Vol. 22, pp. 637-641.

Siebert, Horst (1970), Regionales Wirtschaftswachstum und interregionale Mobilität, Tübingen: Mohr.

Siebert, Horst / Koop, Michael J. (1990), Institutional Competition. A Concept for Europe?, in: Aussenwirtschaft, 45. Jg., Heft 4, S. 439-462.

Sinn, Stefan (1992), The Taming of Leviathan: Competition Among Governments, in: Constitutional Political Economy, Vol. 3, No. 2, pp. 177-196.

Solow, Robert M. (1956), A Contribution to the Theory of Economic Growth, in: Quarterly Journal of Economics, Vol. 70, pp. 65-94.

Solow, Robert M. (1971), Wachstumstheorie - Darstellung und Anwendung, Göttingen: Vandenhoeck & Ruprecht („Growth Theory - An Exposition", Clarendon Press, 1970).

Soltwedel, Rüdiger (1987), Wettbewerb zwischen Regionen statt zentral koordinierter Regionalpolitik, in: Die Weltwirtschaft, S. 129-145.

Stadler, Manfred (1995), Geographical Transaction Costs and Regional Quality Ladders, in: Journal of Institutional and Theoretical Economics (JITE - Zeitschrift für die gesamte Staatswissenschaft), Vol. 151, No. 3, pp. 490-504.

Starbatty, Joachim (1967), Regionale Strukturpolitik in der Sozialen Marktwirtschaft, Inaugural-Dissertation zur Erlangung des Doktorgrades der Wirtschafts- und Sozialwissenschaftlichen Fakultät der Universität Köln.

Suntum, Ulrich van (1981), Regionalpolitik in der Marktwirtschaft - Kritische Bestandsaufnahme und Entwurf eines alternativen Ansatzes am Beispiel der Bundesrepublik Deutschland, Monographien der List Gesellschaft e.V., N.F. Bd. 5, Baden-Baden: Nomos.

Suntum, Ulrich van (1984), Regionalpolitik in der Marktwirtschaft - Fremdkörper oder notwendige Ergänzung?, in: Jahrbuch für Regionalwissenschaft, 5. Jg. (hrsg. von der Gesellschaft für Regionalforschung), S. 110-128.

Swan, Trevor W. (1956), Economic Growth and Capital Accumulation, in: Economic Record, Vol. 32 (November), pp. 334-361.

Theissen, Robert (1996), Der Ausschuß der Regionen (Artikel 198 a-c EG Vertrag) - Einstieg der Europäischen Union in einen kooperativen Regionalismus?, Hamburger Studien zum Europäischen und Internationalen Recht, Band 9, Berlin: Duncker & Humblot.

Thomas, Ingo P. (1996), Regional Policy, Convergence and Subsidiarity in the European Community, Kiel Working Paper No. 737.

Thünen, Johann Heinrich von (1842), Der isolierte Staat in Beziehung auf Landwirtschaft und Nationalökonomie - Erster Teil. Untersuchungen über den Einfluß, den die Getreidepreise, der Reichtum des Bodens und die Abgaben auf den Ackerbau ausüben., Rostock, Neudruck nach der Ausgabe letzter Hand, Jena: Gustav Fischer, 1910.

Tiebout, Charles. M. (1956), A Pure Theory of Local Expenditures, in: Journal of Political Economy, Vol. 64, pp. 416-424.

Tichy, Gunther (1991), The Product-cycle Revisited: Some Extensions and Clarifications, in: Zeitschrift für Wirtschafts- und Sozialwissenschaften (ZWS), Vol. 111, S. 27-54.

Tönnies, Gerd (1995), Verdichtungsräume, in: Akademie für Raumforschung und Landesplanung (Hrsg.), Handwörterbuch der Raumordnung, Hannover: ARL, S. 1006-1011.

Treuner, Peter (1995), Europäische Regionalpolitik, in: Akademie für Raumforschung und Landesplanung (Hg.), Handwörterbuch der Raumordnung, Hannover: ARL, S. 268-271.

Uzawa, Hirofumi (1965), Optimal Technical Change in an Aggregative Model of Economic Growth, in: International Economic Review, Vol. 6 (January), pp. 18-31.

Valavanis, Stefan (1955), Lösch on Location - A Review Article, in: American Economic Review, Vol. 45, pp. 637-644.

Vanberg, Viktor / Kerber, Wolfgang (1994), Institutional Competition among Jurisdictions: An Evolutionary Approach, in: Constitutional Political Economy, Vol. 5, No. 2, pp. 193-219.

Venables, Anthony J. (1994), Economic Integration and Industrial Agglomeration, in: The Economic and Social Review, Vol. 26, No. 1, pp. 1-17.

Venables, Anthony J. (1995), Economic Integration and the Location of Firms, in: American Economic Review, Papers & Proceedings, Vol. 85, No. 2 (May), pp. 296-300.

Venables, Anthony J. (1996), Equilibrium Locations of Vertically Linked Industries, in: International Economic Review, Vol. 37, No. 2 (May), pp. 341-359.

Vernon, Raymond (1966), International Investment and International Trade in the Product Cycle, in: Quarterly Journal of Economics, Vol. 80, pp. 190-207.

Vickerman, Roger W. (1995), The Regional Impacts of Trans-European Networks, in: The Annals of Regional Science, Vol. 29, pp. 237-254.

Vihanto, Martti (1992), Competition Between Local Governments as a Discovery Procedure, in: Journal of Institutional and Theoretical Economics (JITE - Zeitschrift für die gesamte Staatswissenschaft), Vol. 148, pp. 411-436.

Wagner, Helmut (1993), Wachstum und Entwicklung - Theorie der Entwicklungspolitik, München & Wien: Oldenbourg.

Walz, Uwe (1995a), A Dynamic Model of Economic Geography and the Enlargement of a Common Market, Institut für Volkswirtschaftslehre und Statistik, Universität Mannheim, Discussion Paper 525-95.

Walz, Uwe (1995b), Trade Liberalization, Factor Mobility, and Regional Growth, in: Journal of Institutional and Theoretical Economics (JITE - Zeitschrift für die gesamte Staatswissenschaft), Vol. 151, No. 3, pp. 505-525.

Walz, Uwe (1996), Transport Costs, Intermediate Goods, and Localized Growth, in: Regional Science and Urban Economics, Vol. 26, pp. 671-695.

Waniek, Roland W. (1992), Ordnungspolitische Elemente und Defizite der europäischen Regionalpolitik, in: Orientierungen zur Wirtschafts- und Gesellschaftspolitik, Nr. 51 (1/ 1992), S. 19-24.

Waniek, Roland W. (1994), EG-Regionalpolitik für die Jahre 1994 bis 1999, in: Wirtschaftsdienst, Nr. 1, S. 43-49.

Waniek, Roland W. (1996), Die Beihilfenaufsicht der EU im Lichte des Falles Volkswagen Sachsen, in: Wirtschaftsdienst, Nr. 9, S. 464-471.

Weber, Alfred (1909), Ueber den Standort der Industrien - Erster Teil: Reine Theorie des Standorts, Tübingen: Mohr.

Weder, Rolf / Grubel, Herbert G. (1993), The New Growth Theory and Coasean Economcis: Institutions to Capture Externalities, in: Weltwirtschaftliches Archiv, Vol. 129, pp. 488-513.

Wink, Rüdiger (1996), Transeuropäische Verkehrsnetze: Für Wachstum oder für regionale Umverteilung?, in: Wirtschaftsdienst, Nr. 6, S. 301-308.

Wohlgemuth, Michael (1995), Institutional Competition - Notes on an Unfinished Agenda, Max-Planck-Institute for Research into Economic Systems, Diskussionsbeitrag 06-95.

Wulf-Mathies, Monika (1996), Osterweiterung der EU, die Zukunft der Strukturpolitik, die Rolle der Regionen Europas und die Europäische Raumordnungspolitik, Rede vor dem APCG-Kongreß, Montpellier, 19. September 1996, http://europa.eu.int/en/comm/dg16/key/s960919d.htm (gelesen am 08.06.1997).

Wulf-Mathies, Monika (1997), Lehren der Vergangenheit, Wege in die Zukunft, Rede zum Abschluß des Kohäsionsforums, Palais des Congrès, Brüssel, 30. April 1997, http://europa.eu.int/en/comm/dg16/key/s970430d.htm (gelesen am 08.06.1997).

Wulwick, Nancy J. (1992), Kaldor's Growth Theory, in: Journal of the History of Economic Thought, Vol. 14 (Spring), pp. 36-54.

Zimmermann, Horst (1991), Zentrifugale und zentripetale Kräfte im Binnenmarktprozeß - das Spannungsverhältnis zwischen Zentrum und Peripherie, in: *Franzmeyer, Fritz* (Hrsg.), Die Auswirkungen des Binnenmarktes auf die Entwicklung der Regionen in der Europäischen Gemeinschaft, DIW Sonderheft 149, Berlin: Duncker & Humblodt, S. 13-51.

Zimmermann, Horst (1996), Wohlfahrtsstaat zwischen Wachstum und Verteilung - Zu einem grundlegenden Konflikt in Hocheinkommensländern, München: Vahlen.

Studien zur Ordnungsökonomik

Herausgegeben von Alfred Schüller

Lucius&Lucius Verlags GmbH, Stuttgart

(bis Heft Nr. 21: „Arbeitsberichte zu Ordnungsfragen der Wirtschaft")

Nr. 22: Alfred Schüller und Christian Watrin, Wirtschaftliche Systemforschung und Ordnungspolitik: 40 Jahre Forschungsstelle zum Vergleich wirtschaftlicher Lenkungssysteme der Philipps-Universität Marburg, Oktober 1999, ISBN 3-8282-0111-3, 19,80 DM.

Nr. 21: Alfred Schüller (Hrsg.), Kapitalmarktentwicklung und Wirtschaftsordnung, Juli 1997, ISBN 3-930834-04-9, 24,80 DM.

Nr. 20: Sandra Hartig, Die westeuropäische Zahlungsunion: Ein Vorbild für Osteuropa?,
Mai 1996, ISBN 3-930834-03-0, 76 S., 17,60 DM.

Nr. 19: Reinhard Peterhoff (Hrsg.), Privatwirtschaftliche Initiativen im russischen Transformationsprozeß, November 1995, ISBN 3-930834-02-2, 120 S., 24,80 DM.

Nr. 18: Helmut Leipold (Hrsg.), Ordnungsprobleme Europas: Die Europäische Union zwischen Vertiefung und Erweiterung, November 1994, ISBN 3-930834-01-4, 151 S., 19,80 DM.

Nr. 17: Helmut Leipold (Hrsg.), Ordnungsprobleme der Entwicklungsländer: Das Beispiel Schwarzafrika, Juli 1994, ISBN 3-930834-00-6, 37 S., 9,20 DM.

Nr. 16: Helmut Leipold (Hrsg.), Privatisierungskonzepte im Wandel, Juni 1992, ISBN 3-923647-15-8, 143 S., 19,20 DM. (vergriffen!)

Nr. 15: Zur Transformation von Wirtschaftssystemen: Von der Sozialistischen Planwirtschaft zur Sozialen Marktwirtschaft, Hannelore Hamel zum 60. Geburtstag, Juli 1990, 2. überarbeitete und erweiterte Auflage, Februar 1991, ISBN 3-923647-14-X, 192 S., 19,80 DM. (vergriffen!)

Nr. 14: Hannelore Hamel (Hrsg.), Soziale Marktwirtschaft: Zum Verständnis ihrer Ordnungs- und Funktionsprinzipien, April 1990, ISBN 3-923647-13-1, 57 S., 7,60 DM.

Nr. 13: Heinz Lampert, Theorie und Praxis der Sozialpolitik in der DDR, August 1989, ISBN 3-923647-12-3, 32 S., 6,90 DM. (vergriffen!)

Nr. 12: Hannelore Hamel und Helmut Leipold, Perestrojka und NÖS: Funktionsprobleme der sowjetischen Wirtschaftsreform und die Erfahrungen der DDR in den sechziger Jahren,
Juni 1989, ISBN 3-923647-11-5, 63 S., 8,80 DM. (vergriffen!)

Nr. 11: Ordnungstheorie: Methodologische und institutionentheoretische Entwicklungstendenzen, September 1987, ISBN 3-923647-10-7, 168 S., 12,80.

Nr. 10: Hannelore Hamel und Helmut Leipold, Wirtschaftsreformen in der DDR - Ursachen und Wirkungen, Januar 1987, ISBN 3-923647-09-3, 43 S., 7,40 DM.

Nr. 9: Alexander Barthel, Zum Problem der Unternehmenshaftung in der DDR, September 1986, ISBN 3-923647-08-5, 67 S., 8,90 DM.

Nr. 8: Unternehmensverhalten und Beschäftigung,
mit Beiträgen von Volker Beuthien u.a., Juni 1985, ISBN 3-923647-07-7, 80 S., 9,00 DM.

Nr. 7: Alfred Schüller und Hans-Günter Krüsselberg (Hrsg.), Grundbegriffe zur Ordnungstheorie und Politischen Ökonomik, 4. Aufl., April 1998, ISBN 3-923647-06-9, 172 S., 15,40 DM.

Nr. 6: Alfred Schüller und Hannelore Hamel, Zur Mitgliedschaft sozialistischer Länder im Internationalen Währungsfonds (IWF), Oktober 1984, ISBN 3-923647-05-0, 25 S., 6,30 DM.

Nr. 5: Béla Csikós-Nagy, Liquiditätsprobleme und die Konsolidierung der ungarischen Wirtschaft, September 1983, ISBN 3-923647-04-2, 19 S., 4,20 DM.

Nr. 4: Karl von Delhaes, Zur Diskussion über die Funktion der Preise im Sozialismus, Januar 1983, ISBN 3-923647-07-4, 27 S., 4,20 DM.

Nr. 3: Hannelore Hamel, Helmut Leipold und Reinhard Peterhoff, Zur Reform der polnischen Unternehmensverfassung, Mai 1982, ISBN 3-923647-02-6, 68 S., 7,20 DM.

Nr. 2: Alfred Schüller, Produktionsspezialisierung als Mittel der Integrationspolitik im RGW, Oktober 1981, Nachdruck 1986, ISBN 3-923647-01-8, 46 S., 6,40 DM.

Nr. 1: Karl von Delhaes und Reinhard Peterhoff, Zur Reform der polnischen Wirtschaftsordnung, Juli 1981, Nachdruck 1985, ISBN 3-923647-00-X, 152 S., 10,50 DM.

In russischer Sprache:

Nr. 7RUS: Soziale Marktwirtschaft: Verständnis und Konzeptionen in russischer Sprache, 130 S., DM 18,50

Studien zur Ordnungsökonomik, Verlag Lucius & Lucius, Stuttgart

Ab Nr. 22 zu beziehen über den Buchhandel

Arbeitsberichte Nr. 1 – 21 und 7rus

zu beziehen über:  Marburger Gesellschaft für Ordnungsfragen der Wirtschaft e.V.

Barfüßertor 2 · D-35037 Marburg ·
Tel.: (06421) 28-23928 · 28-23196 · Fax (06421) 28-28974
Internet: http://www.wiwi.uni-marburg.de/lokal/witheo2/fost/liste_ab.htm

Schriften zu Ordnungsfragen der Wirtschaft

Lucius&Lucius Verlags-GmbH, Stuttgart - ISSN 1432-9220

Herausgegeben von
Gernot Gutmann, Hannelore Hamel, Klemens Pleyer, Alfred Schüller, H. Jörg Thieme

(bis Band 51: „Schriften zum Vergleich von Wirtschaftsordnungen")

Band 61: *Schittek*, **Ordnungsstrukturen im europäischen Integrationsprozeß:** Ihre Entwicklung bis zum Vertrag von Maastricht, 1999, 409 S., 74 DM, ISBN 3-8282-0108-3.

Band 60: *Engelhard/Geue (Hg.)*, **Theorie der Ordnungen:** Lehren für das 21. Jahrhundert, 1999, 369 S., 69 DM, ISBN 3-8282-0107-5.

Band 59: *Brockmeier*, **Wettbewerb und Unternehmertum in der Systemtransformation:** Das Problem des institutionellen Interregnums im Prozeß des Wandels von Wirtschaftssystemen, 1999, 434 S., 74 DM, ISBN 3-8282-0097-4.

Band 58: *Hartwig/Thieme* (Hg.), **Finanzmärkte:** Funktionsweise, Integrationseffekte und ordnungspolitische Konsequenzen, 1999, 556 S., 79 DM, ISBN 3-8282-0094-X.

Band 57: *Cassel* (Hg.), **50 Jahre Soziale Marktwirtschaft:** Ordnungstheoretische Grundlagen, Realisierungsprobleme und Zukunftsperspektiven einer wirtschaftspolitischen Konzeption, 1998, 792 S., 94 DM, ISBN 3-8282-0057-5.

Band 56: *Krüsselberg*, **Ethik, Vermögen und Familie:** Quellen des Wohlstands in einer menschenwürdigen Ordnung, 1997, 348 S., 68 DM, ISBN 3-8282-0055-9.

Band 55: *Geue*, **Evolutionäre Institutionenökonomik:** Ein Beitrag aus der Sicht der österreichischen Schule, 1997, 336 S., 68 DM, ISBN 3-8282-0050-8.

Band 54: *Knorr*, **Umweltschutz, nachhaltige Entwicklung und Freihandel**, 1997, 49 DM, ISBN 3-8282-0035-4.

Band 53: *Paraskewopoulos* (Hg.), **Wirtschaftsordnung und wirtschaftliche Entwicklung**, 1997, 79 DM, ISBN 3-8282-0034-6.

Band 52: *v. Delhaes/Fehl* (Hg.), **Dimensionen des Wettbewerbs**, 1997, 84 DM, ISBN 3-8282-0033-8.

Band 51: *Keilhofer*, **Wirtschaftliche Transformation in der Tschechischen Republik und in der Slowakischen Republik**, 1995, 89 DM, ISBN 3-8282-5398-9.

Band 50: *Wentzel*, **Die Geldordnung in der Transformation**, 1995, 49 DM, ISBN 3-8282-5397-0.

Band 49: *Müller*, **Spontane Ordnungen in der Kreditwirtschaft Rußlands**, 44 DM, ISBN 3-8282-5396-2.

Band 48: *Sitter*, **Perestroika und Innovation**, 1995, 64 DM, ISBN 3-8282-5386-5.

Band 47: *Hamacher*, **Glaubwürdigkeitsprobleme in der Geldpolitik**, 1995, 58 DM, ISBN 3-8282-5385-7.

Band 46: *Weber*, **Außenwirtschaft und Systemtransformation**, 1995, 69 DM, ISBN 3-8282-5384-9.

Bei Fragen zur Produktsicherheit wenden Sie sich bitte an:
If you have any questions regarding product safety,
please contact:

Walter de Gruyter GmbH
Genthiner Straße 13
10785 Berlin
productsafety@degruyterbrill.com